高质量发展需要新的生产力理论来指导

新质生产力学习问答

《新质生产力学习问答》编写组 ◎ 编著

6位专家精心阐释

80个问答厘清要点

新华出版社

图书在版编目（CIP）数据

新质生产力学习问答 /《新质生产力学习问答》编写组编著 .
-- 北京：新华出版社 , 2024.10
ISBN 978-7-5166-7628-8

Ⅰ . F120.2-44

中国国家版本馆 CIP 数据核字第 2024AZ4147 号

新质生产力学习问答

编著：《新质生产力学习问答》编写组
出版发行： 新华出版社有限责任公司
（北京市石景山区京原路 8 号　邮编：100040）
印刷： 三河市腾飞印务有限公司

成品尺寸： 170mm×240mm　1/16	**印张：** 13	**字数：** 150 千字
版次： 2024 年 12 月第一版	**印次：** 2024 年 12 月第一次印刷	
书号： ISBN 978-7-5166-7628-8	**定价：** 58.00 元	

版权所有・侵权必究
如有印刷、装订问题，本公司负责调换。

微店

视频号小店

抖店

京东旗舰店

微信公众号

喜马拉雅

小红书

淘宝旗舰店

新质生产力是创新起主导作用,摆脱传统经济增长方式、生产力发展路径,具有高科技、高效能、高质量特征,符合新发展理念的先进生产力质态。它由技术革命性突破、生产要素创新性配置、产业深度转型升级而催生,以劳动者、劳动资料、劳动对象及其优化组合的跃升为基本内涵,以全要素生产率大幅提升为核心标志,特点是创新,关键在质优,本质是先进生产力。

——摘自习近平总书记2024年1月31日在二十届中央政治局第十一次集体学习时的讲话

目 录

1. 什么是生产力？ …………………………………… 1
2. 什么是新质生产力？ ………………………………… 2
3. 为什么社会主义的根本任务是解放和发展社会生产力？ ……… 4
4. 为什么推进中国式现代化，最根本的是要实现生产力的现代化？ …… 7
5. 为什么高质量发展是新时代的硬道理？ ……………………… 8
6. 为什么高质量发展需要新的生产力理论来指导？ ……………… 11
7. 为什么全面贯彻新发展理念要推动新质生产力加快发展？ ……… 14
8. 提出加快形成新质生产力的广阔时代背景是什么？ …………… 18
9. 为什么说习近平总书记关于发展新质生产力的论述，深刻回答了"什么是新质生产力、为什么要发展新质生产力、怎样发展新质生产力"的重大理论和实践问题，为新征程上推动高质量发展提供了科学指引？ ………………………………… 21
10. 为什么说习近平总书记关于发展新质生产力的重要论述指明了推动高质量发展的重要着力点？ ……………………… 24
11. 为什么说习近平总书记关于发展新质生产力的重要论述体现了对生产力发展规律和我国发展面临的突出问题的深刻把握？ …… 27
12. 为什么说习近平总书记关于发展新质生产力的重要论述是对我国经济建设规律的深刻总结？ ……………………… 29
13. 为什么说习近平总书记关于发展新质生产力的重要论述是习近平经济思想的重要组成部分？ ……………………… 31
14. 发展新质生产力的重大意义是什么？ ………………………… 34
15. 发展新质生产力的实践要求是什么？ ………………………… 37

16. 为什么新质生产力已经在实践中形成并展示出对高质量发展的强劲推动力、支撑力? ……………… 39

17. 为什么实现高质量发展归根结底要在生产力水平上实现更大突破、更大发展? ……………… 43

18. 为什么需要进一步深化对新质生产力的认识? ……………… 44

19. 为什么发展新质生产力需要我们从理论上进行总结、概括,用以指导新的发展实践? ……………… 48

20. 新质生产力的科学内涵是什么? ……………… 50

21. 新质生产力的特征是什么? ……………… 53

22. 新质生产力的特点是什么? ……………… 55

23. 新质生产力的关键是什么? ……………… 58

24. 新质生产力的本质是什么? ……………… 60

25. 新质生产力之"新"体现在哪些方面? ……………… 61

26. 新质生产力之"质"体现在哪些方面? ……………… 63

27. 为什么说新质生产力由技术革命性突破、生产要素创新性配置、产业深度转型升级而催生? ……………… 64

28. 为什么说新质生产力以劳动者、劳动资料、劳动对象及其优化组合的跃升为基本内涵? ……………… 66

29. 为什么说新质生产力以全要素生产率大幅提升为核心标志? ……………… 68

30. 为什么科技创新是发展新质生产力的核心要素? ……………… 70

31. 在新一轮科技革命和产业变革深入发展的背景下,我国发展新质生产力是基于怎样的现实需求? ……………… 72

32. 新质生产力推进中国式现代化的战略路径是什么? ……………… 75

33. 如何认识新质生产力与中国式现代化的内在一致性? ……………… 77

34. 为什么发展新质生产力是推动高质量发展的内在要求和重要着力点? ……………… 79

35. 为什么加快构建新发展格局要加快形成新质生产力? ……………… 81

36. 为什么加快形成新质生产力要提高国有企业核心竞争力? ……………… 84

目 录

37. 为什么加快形成新质生产力要引领民营经济健康发展? ……… 86
38. 为什么加快形成新质生产力要打造一批产业集群? ……………… 89
39. 为什么加快形成新质生产力要做大做强实体经济? ……………… 91
40. 为什么加快形成新质生产力要把企业作为科技成果
    转化核心载体? ……………………………………………………… 92
41. 为什么加快形成新质生产力要提高科技成果落地转化率? …… 94
42. 为什么加快形成新质生产力要坚持绿色发展,建立健全
    绿色低碳循环发展经济体系? …………………………………… 97
43. 如何培育发展新质生产力的新动能? …………………………… 99
44. 如何围绕发展新质生产力布局产业链? ………………………… 101
45. 新质生产力的四个发展趋向是什么? …………………………… 103
46. 加快发展新质生产力如何赋能现代化产业体系? ……………… 106
47. 战略新兴产业和未来产业具有哪些特征? ……………………… 110
48. 如何以科技创新引领产业创新,积极培育和发展新质生产力? …… 113
49. 为什么要着力提升科技自立自强能力? ………………………… 116
50. 为什么统筹推进深层次改革和高水平开放要加快形成
    新质生产力? ……………………………………………………… 118
51. 为什么统筹高质量发展和高水平安全要加快形成新质生产力? … 119
52. 为什么推动新质生产力加快发展必须继续做好创新
    这篇大文章? ……………………………………………………… 121
53. 如何打造新质生产力的增长极? ………………………………… 124
54. 怎样围绕发展新质生产力布局产业链? ………………………… 126
55. 如何开辟制造业创新发展的新领域新赛道? …………………… 129
56. 从战略性新兴产业到未来产业发展有哪些新思路? …………… 131
57. 为什么说新质生产力本身就是绿色生产力? …………………… 135
58. 为什么发展新质生产力必须进一步全面深化改革? …………… 138
59. 怎样扩大高水平对外开放,为发展新质生产力营造
    良好国际环境? …………………………………………………… 141

60. 为什么要按照发展新质生产力要求,畅通教育、科技、人才的良性循环? ……………………………………… 143
61. 如何按照发展新质生产力要求完善人才培养、引进、使用、合理流动的工作机制? ……………………… 145
62. 为什么要因地制宜发展新质生产力? ………………… 147
63. 为什么发展新质生产力不能忽视、放弃传统产业? …… 150
64. 为什么发展新质生产力要突出构建以现代制造业为骨干的现代化产业体系这个重点? ………………… 152
65. 为什么发展新质生产力要探索发展现代制造业? …… 154
66. 为什么发展新质生产力要探索发展战略性新兴产业? … 156
67. 为什么发展新质生产力要布局建设未来产业? ……… 158
68. 为什么发展新质生产力要加快推动发展方式绿色低碳转型? …… 160
69. 为什么加快发展新质生产力要处理好产学研关系? … 162
70. 为什么加快发展新质生产力要处理好市场与政府的关系? … 166
71. 为什么加快发展新质生产力要正确处理好短期和中长期的关系? ……………………………………… 168
72. 推进新质生产力如何进行政策协同? ………………… 170
73. 如何加快形成"虚实交融"的新质生产力? …………… 174
74. 怎样打通束缚新质生产力发展的堵点卡点? ………… 177
75. 如何让各类先进优质生产要素向发展新质生产力顺畅流动? … 179
76. 如何处理好新质生产力和传统生产力之间的关系? … 181
77. 发展新质生产力从哪些方面彰显社会主义制度的优越性? … 183
78. 加快形成新质生产力需要哪些方面的制度保障? …… 185
79. 加快发展新质生产力必须坚持哪些原则? …………… 190
80. 为什么发展新质生产力必须坚持以人民为中心的发展思想? …… 193

1. 什么是生产力？

2024年1月31日，习近平总书记在二十届中央政治局第十一次集体学习时指出："生产力是人类社会发展的根本动力，也是一切社会变迁和政治变革的终极原因。"生产力的发展状况代表着人类改造和利用自然的广度和深度，标志着人类社会的发展水平和文明程度。生产力理论也成为马克思主义政治经济学和哲学范畴的基本理论。

马克思主义认为，生产力是全部社会生活的物质前提，是推动社会进步的最活跃、最革命的因素，生产力标准是衡量社会发展的带有根本性的标准。生产力源自人类与自然的实践性关系，是人类在能动地改造自然的过程中形成的综合性力量，而不是单纯指劳动者直接作用于劳动工具以达到对自然对象改造目的的偶然性、单一性、直观性的结果。生产力不仅是一种自然关系，而且也是一种社会关系。组成生产力系统的基本要素包括劳动者、劳动资料、劳动对象。生产力系统的结构就是组成生产力系统的要素之间的关系。生产力系统结构的对称程度决定生产力的发展速度，生产力的发展是主客体相互作用、资源再生的结果，是增长向发展转化的中间环节，生产力系统的结构对称，生产力发展速度就快；生产力系统的结构不对称，生产力发展速度就慢。生产力作为社会制度变迁与人类社会发展的决定力量，生产能力及其要素的发展是一个从量变到质变的波浪式前进、螺旋式上升的过程，无论是第一次工业革命，还是第二次、第三次工业革命,虽然存在科技革命的"迸发"时期,但生产能力及其要素都经过了长期孕育的量变积累阶段,最后发生了质变,生产效率发生了革命性的提高,从而形成全球范围的新生产力形态。

科学技术是先进生产力的集中体现和主要标志,是第一生产力。党的十八大以来,习近平总书记在全面、整体发展生产力的过程中进一步推动生产力变革和生产关系重塑,面对新一轮科技革命和产业变革,提出"发展新质生产力"这一原创性观点,为提高我国生产力新水准和新质态开启了新篇章,擘画了新蓝图。

2. 什么是新质生产力?

习近平总书记指出:"概括地说,新质生产力是创新起主导作用,摆脱传统经济增长方式、生产力发展路径,具有高科技、高效能、高质量特征,符合新发展理念的先进生产力质态。它由技术革命性突破、生产要素创新性配置、产业深度转型升级而催生,以劳动者、劳动资料、劳动对象及其优化组合的跃升为基本内涵,以全要素生产率大幅提升为核心标志,特点是创新,关键在质优,本质是先进生产力。"[①]这一重要论述,深刻指明了新质生产力的特征、基本内涵、核心标志、特点、关键、本质等基本理论问题,为我们准确把握新质生产力的科学内涵提供了根本遵循。

---

① 习近平:《在中共中央政治局第十一次集体学习时强调 加快发展新质生产力 扎实推进高质量发展》,《人民日报》2024年2月2日。

新质生产力是指新的高水平的现代化生产力，即新类型、新结构、高技术水平、高质量、高效率、可持续的生产力，也就是以前没有的新的生产力的种类和结构。相比传统生产力而言，其技术水平更高、质量更好、效率更高、更可持续。具体而言，主要包括人工智能、高端算力和算法、高端芯片的设计生产，技术和设备、高端机器人的生产和运用等，以及能够创新、开发、运用、改进和优化各种高新技术和发展高新产业、改造优化传统产业的高素质的劳动力。

新质生产力是生产力发展和科技进步的产物，是人类改造自然能力的革命性提升，这种提升是整体性的、根本性的，作为其构成要素的劳动者、劳动资料、劳动对象必然也有新的内涵。就劳动者而言，劳动者是生产力中最活跃的因素，与新质生产力匹配的不再是以简单重复劳动为主的普通劳动者，而是需要能够创造新质生产力的战略人才和能够熟练掌握新质生产资料的应用型人才。就劳动资料而言，作为"人类劳动力发展的测量器"，随着原创性技术、颠覆性技术的发展和广泛运用，越来越多的新型生产工具将产生，旧的落后的生产工具则会逐渐被新的先进的生产工具所代替，这也是体现生产力发展的主要标志。就劳动对象而言，劳动资料的改进和广泛运用，必然会带来劳动对象范围的扩大，不仅包括传统的自然界物质，而且包括数据等不受空间和时间限制的非物质形态。

生产的各种要素只有结合在一起，才能形成现实的生产力。新质生产力不仅体现为各种要素的创新发展，还体现为生产要素结合方式的创新发展。随着新质生产力中劳动者、劳动资料、劳动对象的发展变化，三者的优化组合也将会发生革命性变化，带来新产业、新业态、新模式，形成驱动经济发展的新动能、新优势。生产力决定生产关系，生产关系反作用于生产力。新质生产力的形成，必然引起生产关系的革命性变化，需要形成新的生产关系与之相适应，对其加以保护、解放和发展。不断改革和完善生产关系，形成新的管理模式、新的体制机制，是促进新质生产力不断发展的重要保障。

3. 为什么社会主义的根本任务是解放和发展社会生产力？

习近平总书记指出，"解放和发展社会生产力是社会主义的本质要求，是中国共产党人接力探索、着力解决的重大问题"[①]。社会主义社会的根本任务是解放和发展生产力，这是对社会主义社会本质和初级阶段社会主义主要矛盾作出准确判断的基础上确立起来的重要结论。

解放和发展生产力是社会主义的本质要求。不断解放生产力、发展生产力，创造出比资本主义更高的劳动生产率，是社会主义发展的必然要求，是社会主义优越性的体现。社会主义优于资本主义最重要的途径就是能够推动社会生产力高速发展，不断满足人民日益增长的物质文化生活需要。社会主义通过不断解放生产力、发展生产

---

① 习近平：《在纪念马克思诞辰 200 周年大会上的讲话》（2018 年 5 月 4 日），《人民日报》2018 年 5 月 5 日。

力，创造出更多的物质财富，从而提高人民的物质文化生活水平，解决贫富差距问题，最终实现共同富裕的目标。中国一切问题的解决，从根本上讲有赖于生产力的大发展。

解放和发展生产力是中国共产党人接力探索的重大问题。一百多年来，中国共产党对发展生产力的不懈探索，创造了生产力发展的中国奇迹。一是通过新民主主义革命解放和发展生产力。中国共产党领导中国人民推翻反动统治，建立中华人民共和国，实现了民族独立、人民解放，中国人民从此站起来了，中国发展从此开启了新纪元，从而使中国的生产力获得解放。二是通过社会主义建设大力发展生产力。新中国成立后，中国共产党领导中国人民逐步实现社会主义工业化，集中力量发展生产力，解决人民对于经济文化迅速发展的需要，把我国尽快地从落后的农业国变为先进的工业国。三是通过改革进一步解放和发展生产力。改革是解放和发展生产力的动力。1978年党的十一届三中全会召开，我们党深化经济体制改革，把党和国家工作重点转移到社会主义现代化建设上来，推动了生产力大解放、人民生活大改善。四是推动我国社会生产力水平实现整体跃升。新时代以来，我们党领导人民创造了经济快速发展和社会长期稳定两大奇迹。当前和今后一个时期更加突出的问题是要通过进一步全面深化改革来促进生产力的进一步解放和发展，贯彻新发展理念，提升生产力整体水平。

解放和发展生产力是中国共产党人着力解决的重大问题。毛泽东同志曾提出,"社会主义革命的目的是解放生产力"①。邓小平同志明确表示,"社会主义的任务很多,但根本一条就是发展生产力"②,并提出"科学技术是第一生产力"的著名论断。"三个代表"重要思想明确指出"中国共产党始终代表中国先进生产力的发展要求"。科学发展观指出要"全面、协调、可持续发展,推进生产力和生产关系、经济基础和上层建筑相适应,生产力的发展必须建立在可持续发展的基础上"。

解放生产力、发展生产力是实现社会主义现代化全部工作的中心,也是尽快缩短同发达国家在经济发展程度上的差距,保证我国自立于世界强大民族之林的必然要求。习近平总书记指出:"全面建成小康社会,实现社会主义现代化,实现中华民族伟大复兴,最根本最紧迫的任务还是进一步解放和发展社会生产力。"③现阶段我国社会的主要矛盾已经转化为人民日益增长的美好生活需要和不平衡不充分的发展之间的矛盾。要解决这一主要矛盾,最根本的办法就是大力发展社会生产力,把集中精力发展社会主义生产力摆在首要地位。只有抓住以经济建设为中心,贯彻新发展理念,构建新发展格局,坚持质量第一、效益优先,切实转变发展方式,加快推动生产力实现"质"的提升,才能有效应对各种风险挑战,为新征程上推进中国式

---

① 《毛泽东文集》第七卷,人民出版社1999年版,第1页。
② 《邓小平文选》第三卷,人民出版社1993年版,第137页。
③ 习近平:《切实把思想统一到党的十八届三中全会精神上来》,《人民日报》2014年1月1日。

现代化创造有利条件。

4. 为什么推进中国式现代化,最根本的是要实现生产力的现代化?

党的二十大报告指出:"没有坚实的物质技术基础,就不可能全面建成社会主义现代化强国。"坚实的物质技术基础一定程度上取决于生产力的发展。生产力不仅是一个国家现代化水平和程度的集中体现,而且也是影响现代化进程的重要因素。立足当前,只有深刻认识和推进生产力现代化,才能在新征程上不断推进中国式现代化。

生产力现代化是中国式现代化的本质要求。党的二十大报告深刻阐释了中国式现代化的鲜明特色,对实现中国式现代化作出了分两步走的战略安排。这是一项伟大而艰巨的事业,其艰巨性和复杂性前所未有,必须坚持把生产力发展摆在更加突出的位置,通过质量变革、效率变革、动力变革实现生产力现代化,不断塑造新的生产力竞争优势,持续推进高质量发展,支撑中国经济长期稳定发展。现代化生产力是以新的科技革命和产业革命为基础,以信息化、网络化、数字化、智能化、自动化、绿色化、高效化为主要特征。这些特征与中国式现代化高质量发展的本质是一致的,正因为如此,推进中国式现代化从根本上说就是要推进生产力现代化。

生产力现代化为推进中国式现代化提供物质基础。生产力是社会历史前进的根本动力和决定因素,社会发展的历史就是生产力不断发展的进程,就是不断由先进生产力取代落后生产力的动态发展的历史。正是生产力的不断改进发展,科学技术的发展,才创造了更多的日益丰富的物质生活资料,为中国式现代化积累了一定的经济基础和物质力量。因此,从经济基础和上层建筑的能动关系来看,推动生产力的现代化,是人类现代化普遍遵循的基本规律,也是中国式现代化实现的物质基础。

5. 为什么高质量发展是新时代的硬道理?

发展是解决我国一切问题的基础和关键。推动高质量发展,是保持经济持续健康发展的必然要求,是适应我国社会主要矛盾变化、全面建设社会主义现代化国家的必然要求。习近平总书记指出:"必须把坚持高质量发展作为新时代的硬道理。"[①]这一科学论断充分体现了党中央总揽全局、把握大势、前瞻未来的远见卓识,是对新时代我国发展实践经验的深刻总结,也是尊重经济规律,以中国式现代化全面推进中华民族伟大复兴的必然选择,我们必须以"硬道理"的清醒认知推动高质量发展。

一是高质量发展是全面建设社会主义现代化国家的首要任务。习近平总书记指出:"高质量发展是全面建设社会主义现代化国家的

---

① 《中央经济工作会议在北京举行》,《人民日报》2023年12月13日。

首要任务。"①高质量发展是对经济社会发展方方面面的总要求，内涵十分丰富，是体现新发展理念的发展。实现中国式现代化，必须以新发展理念为指导，必须具有扎实的物质技术基础。高质量发展不是不要发展速度，而是要继续保持经济的合理增速。因为没有一定的经济增长速度，是不可能实现社会主义现代化这个目标的。全面建设社会主义现代化国家，我们必须注重推动经济实现质的有效提升和量的合理增长，突出质量效益，长期保持经济稳定较快增长，使14亿多人口大国的发展水平和人均生活水平逐步赶上中等发达国家，确保全面建成社会主义现代化强国。

二是高质量发展是遵循经济规律和防范重大风险挑战的现实需要。经过长期努力，我国经济总量已经稳居世界第二位，但经济发展的结构、效益还亟须优化提升。进入新发展阶段，我国经济发展的要素条件、组合方式、配置效率发生改变，劳动力成本逐步上升，资源环境承载能力达到了瓶颈，旧的生产函数组合方式已经难以持续。如果再按照过去那种粗放型增长方式来做，发展就难以持续。只有把坚持高质量发展作为新时代的硬道理，进一步全面深化改革，优化经济结构、转变发展方式，加快发展新质生产力，才能从根本上保持经济健康发展和有效防范重大风险挑战。

三是高质量发展是适应我国社会主要矛盾变化、解决发展不平衡

---

① 习近平：《高举中国特色社会主义伟大旗帜 为全面建设社会主义现代化国家而团结奋斗——在中国共产党第二十次全国代表大会上的报告》（2022年10月16日），《人民日报》2022年10月26日。

不充分问题的必然要求。高质量发展是当前我国经济社会发展的主题，是解决我国社会主要矛盾的关键举措，是扎实推动共同富裕的必然选择，是中国式现代化的本质要求。习近平总书记指出："我国社会主要矛盾发生了重大变化，我国经济发展阶段也在发生历史性变化，不平衡不充分的发展就是发展质量不高的表现。"①破解不平衡不充分的发展难题，就必须推动经济发展从量的扩张转向质的提升，在质的大幅提升中实现量的持续增长，解决"好不好""优不优"的问题，形成优质高效多样化的供给体系，提供更多优质产品和服务，不断满足人民日益增长的美好生活需要。

四是高质量发展是全面推进中华民族伟大复兴的必然选择。习近平总书记强调："从现在起到本世纪中叶，全面建成社会主义现代化强国、全面推进中华民族伟大复兴，是全党全国人民的中心任务。"②当前，面对科技竞争发展的国际新形势，我国发展面临新的战略机遇，同时也面临新的战略任务，经济发展处在新的战略阶段，这给我们发展提出了新的战略要求。必须深刻认识到，高质量发展是新发展的需要，发展是党执政兴国的第一要务，持续发展才能实现经济社会的进步。没有生产力的高质量发展和坚实的物质技术基础，就不可能全面建成社会主义现代化强国。在强国建设的道路上，在民族复兴的新征程中，我们只有牢牢把握高质量发展这个首要任务，贯彻新发

---

① 习近平：《开创我国高质量发展新局面》，《求是》2024年第12期。
② 习近平：《在第十四届全国人民代表大会第一次会议上的讲话》（2023年3月13日），《人民日报》2023年3月14日。

展理念推进新质生产力大发展,加快构建以国内大循环为主体、国内国际双循环相互促进的新发展格局,不断壮大我国经济实力、科技实力、综合国力,才能实现中华民族伟大复兴。

6. 为什么高质量发展需要新的生产力理论来指导?

习近平总书记强调,"高质量发展需要新的生产力理论来指导,而新质生产力已经在实践中形成并展示出对高质量发展的强劲推动力、支撑力,需要我们从理论上进行总结、概括,用以指导新的发展实践"[①]。习近平总书记关于新质生产力的一系列重要论述,是对马克思主义生产力理论的创新性发展,为在新征程上切实解决制约高质量发展的问题,加快培育和形成新质生产力,提供了重要遵循、指明了前进方向。

首先,新质生产力理论深化并发展了马克思主义的生产力理论。生产力是人类社会发展的根本动力,也是一切社会变迁和政治变革的终极原因。马克思主义认为,生产力不是一成不变的,社会生产力本质上是一个从低级到高级、从落后到先进不断演进的过程。生产力是由多重要素构成的有机整体,其中既涵盖了劳动者、劳动资料和劳动对象等实体性要素,也包括了科学技术、教育和管理等非实体性要素。其中,科学技术是第一生产力,能够渗透到劳动力、劳动资

[①] 习近平:《在中共中央政治局第十一次集体学习时强调 加快发展新质生产力 扎实推进高质量发展》,《人民日报》2024年2月2日。

料、劳动对象之中，引起它们的变化，进而产生出巨大的物质力量。新质生产力强调了数字、知识、智能的重要性，这不仅从科学技术层面上坚持了马克思主义关于生产力构成的理论，而且突出强调了科技创新同劳动者、劳动资料和劳动对象的紧密结合，从而进一步提升了劳动者的知识和技术水平，丰富了劳动资料的结构内容，扩大了劳动对象的种类和范围，实现了对马克思主义生产力构成理论的进一步深化与拓展，这就进一步推动了社会生产力的发展和提升。

其次，新质生产力理论有助于解决高质量发展中遇到的问题。当前高质量发展面临一些制约因素和瓶颈问题，需要新的生产力理论提供解决思路和指导。比如，一些关键核心技术受制于人，产业存在"大而不强""全而不优"问题，生产和生活体系向绿色低碳转型的压力较大，等等。再比如，从外部环境看，世界百年未有之大变局全方位、深层次加速演进；从内在条件看，我国一些领域关键核心技术受制于人的局面尚未根本改变；从工作推进情况看，有的领导干部认识不到位、能力不足，不知如何推动高质量发展，等等。破解这些突出矛盾和问题，推动高质量发展取得新进展新突破，更加需要新的生产力理论来指导。这就给我们的理论发展提出了新的课题，只有进一步深化对新质生产力的认识，才能少走弯路。习近平总书记关于发展新质生产力的重要论述，指明了推动高质量发展的重要着力点，体现了对生产力发展规律和我国发展面临的突出问题的深刻把握，对于我们解决经济建设中面临的突出问题具有重要的理论和现实意义。

最后,新质生产力理论是高质量发展的实践指引。高质量发展需要涉及新的生产力领域,特别是高科技高效能等的特征,这就需要新的生产力理论来指导。高科技体现为重视科技创新特别是原创性、颠覆性科技创新,并将科技创新成果融入生产全过程。高效能体现为生产要素配置效率高、科技成果转化效率高和生产效率高。高质量体现为摆脱传统增长路径,不再依靠大量资源投入、能源消耗,更加符合新发展理念。加快形成和发展新质生产力,就是要以先进生产力理论为根本指引,推动产业结构、能源结构和交通运输结构的调整优化,实现经济社会发展绿色化和低碳化的目标要求。

习近平总书记指出,"生产力是推动社会进步最活跃、最革命的要素"[①]"推进中国式现代化,必须进一步全面深化改革开放,不断解放和发展社会生产力、解放和增强社会活力"[②]。习近平总书记的重要论述,引领我国经济迈上更高质量、更有效率、更加公平、更可持续、更为安全的发展之路,实现了质的有效提升和量的合理增长。我国科技创新成果丰硕,创新驱动发展成效日益显现;城乡区域发展协调性、平衡性明显增强;改革开放全面深化,发展动力活力竞相迸发;绿色低碳转型成效显著,发展方式转变步伐加快,高质量发展取得明显成效,形成了与高质量发展相适应的先进生产力质态。实践

[①] 习近平:《在纪念马克思诞辰200周年大会上的讲话》(2018年5月4日),《人民日报》2018年5月5日。
[②] 《中共中央举行纪念毛泽东同志诞辰130周年座谈会》,《人民日报》2023年12月27日。

充分证明，习近平总书记的重要论述，深刻揭示了我国经济由"量"的积累转向"质"的突破的新时代生产力发展要求，为扎实推动高质量发展提供了强大理论指导。

7. 为什么全面贯彻新发展理念要推动新质生产力加快发展？

习近平总书记在参加十四届全国人大一次会议江苏代表团审议时强调："必须完整、准确、全面贯彻新发展理念，始终以创新、协调、绿色、开放、共享的内在统一来把握发展、衡量发展、推动发展。"①加快发展新质生产力是高质量发展的关键和重要着力点，我们必须以新发展理念推动新质生产力加快发展，为高质量发展构筑重要支撑。

发挥创新主导作用是新质生产力发展中的应有之义。贯彻新发展理念，首先就是要加快创新步伐。新质生产力是创新起主导作用的先进生产力质态，科技创新是发展新质生产力的核心要素。当前，新一轮科技革命快速发展，由此形成的新的生产力质态，推动发展实现质的飞跃。新一轮科技革命催生颠覆性的创新成果，使数据这一可重复使用、可无限开发的资源成为生产要素，衍生出人工智能、生物科技、未来网络等新技术，创造了新的巨大的生产力发展空间。高质量发展必须打破传统发展面临的许多资源性制约，使科技创新成

---

① 习近平：《在参加江苏代表团审议时强调 牢牢把握高质量发展这个首要任务》，《人民日报》2023年3月6日。

为决定生产力的重要变量。新一轮科技革命推动的创新具有革命性、颠覆性的特征，能够突破自然禀赋的约束，创造出全新的生产力发展空间，形成新质生产力，从而开拓新的巨大发展空间，推动经济社会高质量发展。

新质生产力是符合协调发展理念的先进生产力质态。加快发展新质生产力，要及时将科技创新成果应用到具体产业和产业链上，改造提升传统产业、培育壮大新兴产业、布局建设未来产业，完善现代化产业体系。发展新质生产力必须协调好传统产业、新兴产业、未来产业的关系。既不能忽视、放弃传统产业，也要加快推进新兴产业，还要探索建设未来产业，处理好过去、现在、未来的发展关系，形成新质生产力依次推进的发展路径，实现新质生产力发展的可持续性。新质生产力的产业和地区协调契合高质量发展协调的内生特点，是推动高质量发展的重要着力点。发展新质生产力要从实际出发，立足本地的资源禀赋、产业基础、科研条件，从实际出发，从创新入手，先立后破、因地制宜、分类指导，有选择地推动形成新产业、新模式、新动能，打造全国各地各具特色、优势各异的新质生产力发展布局，实现新质生产力发展的区域协调。

新质生产力是符合绿色发展理念的先进生产力质态。习近平总书记指出："新质生产力本身就是绿色生产力"[①]"牢固树立和践行绿水青

[①] 习近平：《发展新质生产力是推动高质量发展的内在要求和重要着力点》，《求是》2024年第11期。

新质生产力学习问答

山就是金山银山的理念"①"保护生态环境就是保护生产力,改善生态环境就是发展生产力"②。这一系列重要论述,构成了新质生产力的绿色发展内涵,是对西方现代化理论以及人类发展与环境保护关系的科学反思,蕴含重大理论价值。绿色发展是高质量发展的底色,新质生产力本身就是绿色生产力。新质生产力的绿色内涵,就是在改变传统的人与自然关系的基础上,以建立人与自然和谐共生关系为目标形成生产力发展的新逻辑。充分体现新质生产力的绿色内涵,需要加快绿色科技创新和先进绿色技术推广应用,做强绿色制造业,发展绿色服务业,壮大绿色能源产业,发展绿色低碳产业和供应链,构建绿色低碳循环经济体系。新质生产力借助绿色科技和绿色产业将彻底改变人与自然的传统关系,建立起一种人与自然和谐共生的新型关系,最终使绿色发展成为高质量发展的一种普遍形态。

新质生产力是符合开放发展理念的先进生产力质态。开放是人类文明进步的重要动力,是高质量发展的必由之路。随着新一轮科技革命和产业变革深入发展,现代信息技术催生万物互联的数字社会加速到来,社会化大生产和生产力发展的全球化特征越发明显。因此,必须坚持开放发展理念,在开放中不断拓宽生产力要素系统的边界,支撑生产力结构系统升级,并驱动生产力功能系统的整体协调与

---

① 习近平:《以美丽中国建设全面推进人与自然和谐共生的现代化》,《求是》2024年第1期。
② 习近平:《在海南考察:加快国际旅游岛建设 谱写美丽中国海南篇》,《人民日报》2013年4月11日。

全面发展，实现在经济全球化进程中不断培育和发展新质生产力。发展新质生产力必须有开放的视野，必须把科技创新建立在有效利用全球资源的基础上，构筑更高水平、更高质量的国际循环，使新质生产力发展获得更多创新资源的支持，为推动新质生产力发展开拓广阔路径。发展新质生产力关乎人类未来福祉，推动新质生产力加快发展有助于扭转目前出现的阶段性逆全球化趋势，推动对外开放达到新水平，为高质量发展注入持续的外部动力，夯实高质量发展的开放发展这一必由之路。

新质生产力是符合共享发展理念的先进生产力质态。推进新质生产力发展体现成果共享，这是新发展的内在要求。一个国家或社会要实现共享发展，前提是具有高水平的生产力，实现共同富裕，则需要更高水平的生产力。因此，推动共享发展，必须坚持生产力标准是衡量社会发展带有根本性的标准。培育和发展新质生产力，正是新时代新征程坚持这一标准的体现。社会主义制度将生产的根本目的确定为在发展生产的基础上逐步改善人民生活，使全体人民共享经济发展成果，实现共同富裕。体现新发展理念的新质生产力也包含"共享"的目的。这种内在关系，深刻地反映在新质生产力发展的新逻辑中。新质生产力的发展有助于实现供给和需求的有效互动和循环畅通，其中的关键是使人们充分共享发展成果，而且新质生产力采取的生产方式可以为共享发展提供有力支撑。

8. 提出加快形成新质生产力的广阔时代背景是什么？

习近平总书记提出新质生产力这一崭新的概念，为我国经济发展开辟新领域新赛道、塑造发展新动能新优势提供了科学指引。深刻领会新质生产力提出的时代背景，增强我们学习掌握这一重要理论的思想自觉，有助于准确把握新质生产力的丰富内涵，以指导实践。以下从五个方面来领会新质生产力提出的广阔背景。

一是世界百年未有之大变局加速演进。当前，科技封锁、金融战、贸易战、俄乌战争、巴以冲突等事件，表明大国之间博弈日趋白热化、局部战争和军事冲突频发、"逆全球化"论调盛行的国际变化新态势。气候变化、环境污染、人口老龄化、公共卫生安全等全球性问题的挑战日益严峻。新兴经济体崛起使国际力量对比正在发生深刻调整。激烈的国际竞争归根到底是科学技术的竞争，谁把握了新科技，谁就把握了制高点。加快形成新质生产力，实现高水平科技自立自强，关乎的是国家安全和中华民族伟大复兴。

二是我国步入新发展阶段需要挖掘经济增长新动能。长期以来，中国经济增长主要依赖投资和出口，消费对经济增长的带动作用不够突出。近年来大规模投资对国民经济的边际拉动效果开始递减，地方政府因投资过多引发的债务问题成为一大隐患，全球价值链收缩和"逆全球化"的暗流涌动导致国际贸易纠纷不断增加，中国的出口也受到一定影响。这就需要加快开发国内大市场，努力提升消费对经济增长的贡献率。同时，以房地产、钢铁、矿产资源等为代表的传统产业呈现出利润降低、增速下滑、产能过剩等问题，亟须找到新的产业赛道，提升产业附加值，加快产业结构转型速度。如何借助新兴产业创造新的生产力，创造出创新产品以满足人民所需，激发消费活力，扩大内需，将成为新发展阶段的重点任务。

三是新一轮科技革命和产业变革蓄势待发。把握新质生产力的背景还要从历史发展的进程来分析。从世界经济的发展历程看，科技创新一直是生产力发展的巨大动力。18世纪第一次工业革命，由力学和热力学发展所引发的以蒸汽机的发明及应用为标志的第一次技术革命，大机器生产取代了手工工具；19世纪第二次工业革命，由电磁理论引发的以电力技术应用为标志的第二次技术革命，促进了生产的自动化；20世纪第三次工业革命，以原子能、电子计算机等为标志的第三次技术革命，开辟了信息时代，带来了知识经济；21世纪以信息技术、生物技术、新能源技术等为代表的新一轮科技革命和产业变革蓄势待发。以美国为代表的一些国家利用掌握核心技术的垄断优势，对我国采取禁用、断供、打压等手段，甚至"卡脖子"的方式遏制中国科技的崛起。我国正处在世界新一轮科技革命和产业变革同我国经济发展方式转变的历史交汇期，我们应把握历史机遇，顺势而进，以推进科技创新、布局战略性新兴产业和未来产业为支点，撬动生产力的发展，抢占科技制高点，实现科技强国。

四是推动高质量发展成为经济发展的重点。习近平总书记强调：

新质生产力学习问答

"发展新质生产力是推动高质量发展的内在要求和重要着力点。"[①]我国经济发展进入从高速增长转向高质量发展的新常态，高质量发展是新时代的硬道理，但制约高质量发展的因素还大量存在。从转变发展方式看，由高投入、高消耗、高污染的传统工业向低能耗、低污染的绿色新型工业转型升级，需要突破自身发展瓶颈的问题。从内需市场来看，人口老龄化程度加深，适龄劳动人口规模逐渐缩小，传统的经济增长方式已经不适应。从外部看，以美国为首的西方国家加速推进产业链的"去中国化"转移与重构，降低对中国出口的依赖等。要破解这些堵点难点，我国唯有以科技创新驱动生产力迭代升级，才能在多重困境中成功突围，实现经济高质量发展。

  五是新的社会生产力快速发展。当前，人类社会新的技术革命日新月异，催生了大数据、智能化、云计算等全新的技术形态，人工智能、外太空技术、数字货币与智能化手机支付、平台经济与网络配送等技术加速演进，这意味着一个全新的技术时代正在到来。伴随技术手段与条件的进步，知识、数据成为一种全新的生产要素，发挥着越来越大的生产作用。战略性新兴产业和未来产业正在全面兴起。传统的工业正在成为战略性新兴产业和未来产业的基础性行业，人类社会主导性的产业支撑和产业引领全面升级，这要求所有传统行业必须结合新的技术革命，全面实现产业的转型升级。

---

  ① 习近平：《发展新质生产力是推动高质量发展的内在要求和重要着力点》，《求是》2024年第11期。

9. 为什么说习近平总书记关于发展新质生产力的论述，深刻回答了"什么是新质生产力、为什么要发展新质生产力、怎样发展新质生产力"的重大理论和实践问题，为新征程上推动高质量发展提供了科学指引？

习近平总书记在地方考察时提出新质生产力，在中央经济工作会议上强调发展新质生产力，在中央政治局集体学习时作出系统阐述，在全国两会期间进一步强调因地制宜发展新质生产力、培育发展新质生产力的新动能。习近平总书记关于发展新质生产力的一系列重要论述、一系列重大部署，深刻回答了什么是新质生产力、为什么要发展新质生产力、怎样发展新质生产力的重大理论和实践问题。

什么是新质生产力？习近平总书记阐明了新质生产力的特点、特征、质态、催生因素、基本内涵、核心标志等，立足新时代经济发展实践，丰富和发展了马克思主义生产力理论，为我们发展新质生产力、推动高质量发展提供了科学指引。新质生产力是相对于传统生产力而言的，人类社会的不同历史阶段，生产力发展所依赖的技术支撑和工具各不相同。新质生产力是以新技术深化应用为驱动，以新产业、新业态和新模式快速涌现为重要特征，进而构建起新型社会生产关系和社会制度体系的生产力。

新质生产力的出现和发展壮大是推动人类文明进步的根本动力。人类历史上每一次技术革命都会带来新的技术、新的关键生产要素、新型基础设施和新兴产业的发展。新质生产力的出现，不仅意味着生产力、社会经济层面的变迁，还意味着生产关系、社会制度层面的深刻变革。数字经济时代的新质生产力是以数字化、网络化、智能化的新技术为支撑，以科技创新为核心驱动力，以深化高技术应用为主要特征，具有广泛的渗透性和融合性的生产力形态。在新一代技术与数据要素共同作用下，新业态新模式不断涌现，传统产业重塑变革持续推进，由此产生的影响不只是体现在自然科学领域、经济发展和生产力范畴，还对人类社会的劳动方式、生产组织方式、社会组织运行和社会制度体系产生革命性影响。

为什么要发展新质生产力？2024年1月，在党的二十届中央政治局第十一次集体学习时，习近平总书记强调："发展新质生产力是推动高质量发展的内在要求和重要着力点，必须继续做好创新这篇大文章，推动新质生产力加快发展。"[①]习近平总书记从理论和实践结合上系统阐明新质生产力的科学内涵，深刻指出发展新质生产力的重大意义，对发展新质生产力提出明确要求。

加快形成新质生产力，既是重要战略机遇，也是推进中国式现代化建设的必然要求。发展新质生产力是我国顺应新技术革命和产业变革趋势的必然选择，从技术经济的视角看，新一轮科技和产业革命呈现出跨领域技术深度交叉融合，技术应用创新迭代加速，数据成为重要生产要素，科技革命与产业联系更加紧密，产业数字化、智能化

---

① 习近平：《在中共中央政治局第十一次集体学习时强调 加快发展新质生产力 扎实推进高质量发展》，《人民日报》2024年2月2日。

和绿色化发展趋势已经确立，并加快重构现代产业体系。发展新质生产力是我国构筑新竞争优势和赢得发展主动权的战略选择，世界经济全球化出现逆流，技术、数据、知识、人力资本等新型生产要素作用凸显，国家之间围绕关键技术、数据和产业的竞争更加激烈。发展新质生产力是对中国式现代化建设要求的实践回应，进入新的发展阶段后，对国家的经济发展、社会公共服务、环境质量、法治建设等提出了更高要求。中国式现代化必须以高度发展的社会生产力和坚实的物质基础为支撑，加快形成新质生产力是创造更多更好物质财富的最紧迫需要。

怎样发展新质生产力？ 要深化经济、科技和人才体制改革，畅通新质生产力发展的路径，加快优化创新生产要素配置方式和完善高标准市场体系，调动积极因素让各类先进优质生产要素向发展新质生产力顺畅流动。同时，要扩大高水平对外开放，为发展新质生产力营造良好国际环境。要按照发展新质生产力要求，改进工作机制，促进教育、科技、人才的良性循环，发挥人才使用效益。要瞄准世界能源科技前沿，聚焦能源关键领域重大需求，合理选择技术路线，发挥新型举国体制优势，加强关键核心技术联合攻关，强化科研成果转化运用，把能源技术及其关联产业培育成带动我国产业升级的新增长点，促进新质生产力发展。在2024年全国两会上，习近平总书记对发展新质生产力作出进一步阐述，强调"发展新质生产力不是要忽视、放弃传统产业，要防止一哄而上、泡沫化，也不要搞一种模式。

各地要坚持从实际出发，先立后破、因地制宜、分类指导。根据本地的资源禀赋、产业基础、科研条件等，有选择地推动新产业、新模式、新动能发展，用新技术改造提升传统产业，积极促进产业高端化、智能化、绿色化"①，要求科技界委员和广大科技工作者进一步增强科教兴国强国的抱负，担当起科技创新的重任，加强基础研究和应用基础研究，打好关键核心技术攻坚战，培育发展新质生产力的新动能。要举全国之力在关键技术领域实现突破，加大基础研究领域投入，优化科技资源配合，构建由国家实验室、高水平科研院所、高校和创新型领军企业共同参与的科技创新体系。大力发展战略性新兴产业和未来产业，密切关注前沿技术发展动态，以改革创新为形成新质生产力保驾护航。要处理好政府和市场的关系，通过深化重点领域、关键环节改革，破除妨碍民营企业参与市场竞争的制度壁垒，深化数据要素市场化改革，促进劳动者、劳动资料、劳动对象的优化组合与良性互动。

10. 为什么说习近平总书记关于发展新质生产力的重要论述指明了推动高质量发展的重要着力点？

习近平总书记围绕新质生产力作出一系列重要论述，强调"发展新质生产力是推动高质量发展的内在要求和重要着力点"②。习近平

---

① 习近平：《开创我国高质量发展新局面》，《求是》2024年第12期。
② 习近平：《发展新质生产力是推动高质量发展的内在要求和重要着力点》，《求是》2024年第11期。

总书记的重要论述，深刻阐明了发展新质生产力是实现高质量发展的引领性力量，也是关键路径和动力支撑，有助于提高生产效率和资源利用效率，加快推进产业转型升级、构建现代化产业体系，提高经济发展的质量和效益。

一是指明了高质量发展的强劲动力。生产力是最活跃、最革命的因素，生产力变革是人类社会发展进步的动力源泉。习近平总书记关于新质生产力的重要论述，深刻阐明了什么是新质生产力、为什么要发展新质生产力、怎样发展新质生产力等重大理论和实践问题，丰富了习近平经济思想的内涵，推动了中国自主的经济学知识体系创新发展。新质生产力是创新起主导作用，摆脱传统经济增长方式、生产力发展路径的先进生产力质态。人类社会发展中的每一次科技革命，都带来生产力发展质的飞跃，重新定义生产力质态。当前，新一轮科技革命和产业变革深入发展，正在推动先进生产力质态加速形成。我国经济正处在转变发展方式、优化经济结构、转换增长动力的攻关期，要以科技创新加快培育和发展新质生产力，彻底摆脱传统经济增长方式下粗放扩张、低效发展的生产力发展路径，为高质量发展注入更为强劲的动力、奠定更为坚实的基础。新形势下，发展新质生产力能够驱动新理念、新技术、新成果的高水平、高效率转化，着力造就能够创造高质量供给所需的专业化、特色化、多样化拔尖创新人才，不断形成推动经济社会发展的新动能。

二是明确了实现高质量发展的关键。随着中国经济进入新发展阶段，传统生产要素对经济发展的贡献逐渐减弱，而新质生产力则成为推动高质量发展的关键。从生产力的构成要素来分析，新质生产力是以大数据、云计算、人工智能、绿色低碳技术为代表的新技术与数智化机器设备、数智化劳动者、数字基础设施、海量数据、算力、新能源、新材料等新型要素紧密结合的生产力新形态。与传统生产力相比，新质生产力是代表新技术、创造新价值、适应新产业、重塑新动能的新型高质量生产力，是以科技创新为主导，以内涵式发展生产力为主要路径，具有高科技、高效能、高质量特征，是符合高质量发展要求的生产力。加快发展新质生产力，是对未来生产力发展特征、发展方向和发展动能的准确把握和战略部署。从世界生产力发展的实践来看，主要国家都是在朝着加快形成新质生产力的方向发力，在新一轮科技革命和全球产业链重构的竞争中，抓住关键核心技术，重点发展人工智能、现代制造业、量子信息科学和5G/6G通信等新技术，积极布局智能机器人、数字经济、新能源等新兴产业，通过新技术驱动产业变革，以促进本国新质生产力发展。

三是明确了推动高质量发展的路径。发展新质生产力、推动高质量发展，都是适应新时代我国发展阶段、环境和条件变化所作出的战略选择，两者具有辩证统一关系和内在逻辑一致性。当前，全球经济竞争日益激烈，中国需要不断提高自身的产业竞争力和经济实力。习近平总书记提出一系列新的发展理念、发展路径，着力推进发展方式创新，加快发展方式绿色转型，坚定不移走生态优先、绿色发展之路。发展新质生产力既需要政府超前规划引导、科学政策支持，也需要市场机制调节、企业等微观主体不断创新，是政府"有形之手"和市场"无形之手"共同培育和驱动形成的。因此，要深化经济体制、科技体制等改革，着力打通束缚新质生产力发展的堵点卡点，建立高标准市场体系，创新生产要素配置方式，让各类先进优质生产要素向发展新质生产力顺畅流动。要扩大高水平对外开放，为发展新质生产力营造良好国际环境。要按照发展新质生产力要求，畅通教育、科技、人才的良性循环，完善人才培养、引进、使用、合理流动的工作机制。要根据科技发展新趋势，优化高等学校学科设置、人才培养模式，为发展新质生产力、推动高质量发展培养急需人才。要着力培养造就战略科学家、一流科技领军人才和创新团队，着力培养造就卓越工程师、大国工匠，加强劳动者技能培训，不断提高各类人才素质。要健全要素参与收入分配机制，激发劳动、知识、技术、管理、资本和数据等生产要素活力，更好体现知识、技术、人才的市场价值，营造鼓励创新、宽容失败的良好氛围。

11. 为什么说习近平总书记关于发展新质生产力的重要论述体现了对生产力发展规律和我国发展面临的突出问题的深刻把握？

习近平总书记关于发展新质生产力的重要论述，是对生产力变革规律的总结创新。生产力的发展有其自身规律，只有充分认识、严格遵循生产力发展规律，并以此推进体制机制改革、制定经济政策，才能有效促进生产力发展。新质生产力遵循科技在生产力发展中的作用规律，是深刻洞察生产力历史发展的总结。历史经验表明，颠覆性的科技革命能带来社会生产力质的跃迁和人类生活水平的大幅提升。18世纪60年代，蒸汽机的广泛使用催生了第一次工业革命，机械逐渐取代人力和自然力，人类社会进入"蒸汽时代"；19世纪60年代后期，由机械化转向电气的技术革命，催生了第二次工业革命，人类社会进入"电气时代"；20世纪中期以后，电子计算机技术催生了第三次工业革命，人类社会进入"信息时代"；进入21世纪，数据和算力的积累由量变形成质变，并在实践中形成了新的生产力。正是在新生产力发展的背景下，习近平总书记总结生产力变革规律，提出新质生产力的概念并作出了一系列重要论述。

习近平总书记关于发展新质生产力的重要论述，是党对生产力发展认识的深化。中国共产党始终高度重视科技在生产力发展中的作用。毛泽东同志指出"生产力是最革命的因素""不搞科学技术，生产力无法提高"[①]。邓小平同志明确提出经济发展是中心任务，作出"科学技术是第一生产力"的重要论断。进入21世纪，党中央提出要"代表先进生产力的发展方向"，要以科学发展为主题，发展先进生产力。新时代以来，习近平总书记提出新发展理念，作出"科技是第一生产力、人才是第一资源、创新是第一动力"的重要论断，围绕新质生产力发表了一系列重要论述，深化了对生产力发展规律的认识。

---

① 《毛泽东文集》第八卷，人民出版社1999年版，第351页。

习近平总书记关于新质生产力的论述,是解决生产力发展中突出问题的根本依据。2023年12月11日至12日,习近平总书记在中央经济工作会议上强调:"要以科技创新推动产业创新,特别是以颠覆性技术和前沿技术催生新产业、新模式、新动能,发展新质生产力。"当前,中国经济发展中存在一些突出矛盾和问题,例如发展不平衡、产能过剩、资源约束和国际贸易摩擦、地缘政治风险等,要推动中国转向高质量发展阶段,解决经济发展中的突出矛盾和问题,必须贯彻习近平总书记关于新质生产力的重要论述,依靠科技创新,提高生产力和经济效益,坚持"绿水青山就是金山银山"的理念,推进生态文明建设,努力实现经济社会可持续发展,积极参与全球经济治理体系改革和建设,推动构建人类命运共同体。

12. 为什么说习近平总书记关于发展新质生产力的重要论述是对我国经济建设规律的深刻总结?

习近平总书记深刻指出:"经济发展是一个螺旋式上升的过程,上升不是线性的,量积累到一定阶段,必须转向质的提升,我国经济发展也要遵循这一规律。"[①]习近平总书记关于新质生产力的一系列重要论述,推进了马克思主义生产力理论中国化时代化,开拓了当代中国马克思主义政治经济学新境界,是对我国经济建设规律的深刻总结。

---

① 习近平:《开创我国高质量发展新局面》,《求是》2024年第12期。

新质生产力学习问答

基于对我国经济发展的深刻洞察和科学总结。经过改革开放40多年的发展，我国经济发展取得了举世瞩目的成绩，创造了经济持续增长的"中国奇迹"，成为世界第二大经济体，这为我国经济继续健康发展奠定了基础。虽然我国经济发展制度优势显著，特别是我国经济长期向好、人力资源丰富、市场空间广阔、发展韧性强劲、社会大局稳定。但是也要看到我国经济面临着结构性、体制性、周期性问题相互交织所带来的困难和挑战，需要加快推进质量变革、效率变革、动力变革。习近平总书记正是对我国经济发展的实践和转化期进行敏锐观察，把马克思主义生产力理论与中国实际结合起来，提出了发展新质生产力的科学论断，从根本上指明了我国经济发展的重点方向。

解决我国经济发展矛盾困难的根本依据。我国经济已经从高速增长进入高质量增长阶段，随着国内外形势变化，经济下行压力加大，企业盈利和居民增收难度增加，特别是创新驱动、转型发展、结构调整、协调发展、环境保护等压力和需求前所未有。解决面临的突出问题、突出矛盾，需要进一步大力发展先进生产力。习近平总书记关于发展新质生产力的重要论述深刻分析了发展新质生产力的实践要求和方法途径，明确高质量发展是中国式现代化的本质要求，是解决新时代社会主要矛盾的必然选择，是跨越中等收入阶段的根本遵循。

明确了我国经济发展的正确方向。习近平总书记强调科技创新是推动经济发展的核心动力，肯定了科学技术在生产力形成和发展过程中的重要地位与作用，并将这种科技创新上升为更高层次的原创性、颠覆性科技创新，突出科技创新在生产力发展中的主导作用。我国经济已经从要素驱动、投资驱动转向创新驱动，因此需要加强科技创新，提高全要素生产率。经济发展是一个供给与需求相互影响作用、相互促进的过程。当前必须坚持深化供给侧结构性改革和着力扩大有效需求协同发力，坚持绿色发展理念，推动生态文明建设，实现经济发展与环境保护的协调统一。同时开放发展也是提高我国经济发展质量和效益的重要途径，要积极参与全球经济治理，推动构建人类命运共同体，实现互利共赢、共同发展，坚定不移推进高水平对外开放。而共享发展是经济发展的根本目的，发展为了人民，发展依靠人民，新质生产力是实现共同富裕的重要手段，是共享发展成果的基础选择，只有加快发展新质生产力，为中国式现代化建设积累物质条件，才能为共享发展成果提供有力保障。

13. 为什么说习近平总书记关于发展新质生产力的重要论述是习近平经济思想的重要组成部分？

党的十八大以来，以习近平同志为核心的党中央把中国特色社会主义经济实践与理论探索相结合，创立了习近平经济思想。习近平经济思想在理论和实践上坚持马克思主义政治经济学基本立场、基本原理和基本方法，作出许多原创性理论贡献，形成了当代中国特色社会主义政治经济学的创新成果，开辟了马克思主义政治经济学新境界。习近平经济思想植根中国经济发展的伟大实践，在中国特色社会主义进入新时代的历史条件下，指引中国经济发展取得历史性成就、发生历史性变革，彰显出伟大的真理力量、深邃的思想魅力和磅礴的实践伟力。习近平经济思想明确提出在实现第二个百年奋斗目标进程的新发展阶段，必须以新发展理念为引领，以新发展格局为战略部署，全面推进现代化强国建设。习近平总书记关于新质生产力的重要论述阐明了我国经济高质量发展的内在要求和着力点，新质生产力与新发展阶段、新发展理念、新发展格局共同构成习近平经济思想的重要内容。新质生产力是推进高质量发展和现代化强国建设的重要支撑，是推动高质量发展的内在要求和重要着力点。习近平总书记关于新质生产力的重要论述，为新时代中国经济的高质量发展提供了行动指南，有助于引导全社会从传统生产力转向新质生产力，从而推动经济持续健康发展。

第一，新质生产力是符合新发展理念的先进生产力质态。习近平总书记关于新质生产力的重要论述，不仅体现了马克思主义关于生产力和生产关系的思想精髓，还根据新的时代条件赋予其新的内涵，是对唯物史观关于生产力理论的丰富和发展。新质生产力是以创新为主导的绿色生产力，需要与传统生产力相协调，需要高水平的开放以营造良好的国际环境，以更好地满足人民需要。新质生产力摆脱传统经济增长方式、生产力发展路径，并具有高科技、高效能、高质量特征的先进生产力质态。这与新发展理念中的创新驱动发展高度契合，体现了在新时代背景下，通过科技创新推动经济高质量发展的战略思考。

第二，新质生产力的形成有利于新发展阶段的发展。新发展阶段就是要提高要素效率和科技进步贡献率，建设现代化产业体系。而新质生产力是科技创新在其中发挥主导作用的生产力，以重大科技创新为引领，推动创新链、产业链、资金链、人才链深度融合，以此促进科技创新成果向现实生产力转化。近年来，我国科技创新能力稳步提高，在载人航天、量子信息、核电技术、大飞机制造等领域取得一系列重大成果，进入创新型国家行列，具备了加快发展新质生产力的基础条件。通过培育和发展新质生产力，可以推动中国经济向更高质量、更可持续的方向发展。

第三，新发展格局的构建需要以新质生产力的形成为基础。众所周知，供给侧结构性改革作为新发展格局的主线，需要自主创新以突破供给约束堵点。而扩大内需作为战略基点，需要依赖合理的分配和完善的要素市场；国内国际双循环相互促进需要高水平对外开放。可见，构建新发展格局的基本要点都指向形成和发展新质生产力。

第四，习近平经济思想是一个系统的理论整体，也是一个开放发展的理论体系。新质生产力丰富和发展了习近平经济思想。党的十八大以来，习近平总书记从新时代的实际出发，提出了有关经济发展的一系列新理念新思想新战略，形成了习近平经济思想。这些内容主要包括：坚持加强党对经济工作的集中统一领导，保证我国经济沿着正确方向发展；坚持以人民为中心的发展思想，贯穿到统筹推进"五位一体"总体布局和协调推进"四个全面"战略布局之中；坚持适应把握引领经济发展新常态，立足大局，把握规律等。这种丰富和发展首先体现在其拓展了习近平经济思想的意涵，即运用马克思主义政治经济学基本原理对生产力问题作出了新的理论概括，比如明确提出生产力质态的概念，从质和量辩证统一的角度深化对生产力规律的认识。这种丰富和发展还体现在其探索了新时代解放和发展生产力的实践路径，比如新质生产力进一步明确了党对经济工作全面领导的重要任务，进一步校准了贯彻新发展理念、构建新发展格局的着力点，进一步将以人民为中心的发展思想予以物化显现，成为实现高质量发展的推动力量。习近平总书记关于新质生产力的重要论述在理论、实践和政策层面都与习近平经济思想紧密相连，成为其不可或缺的重要组成部分。

14. 发展新质生产力的重大意义是什么？

当前，我国正在全面推进中国式现代化建设，实现高质量发展是必由之路。深刻理解发展新质生产力的重大意义，有助于促进新时代中国特色社会主义的发展，以中国式现代化全面推进中华民族伟大复兴。

新质生产力是对马克思主义生产力理论的创新发展。生产力理论是马克思主义的重要内容。马克思主义认为，物质生产力是全部社会生活的物质前提，同生产力发展一定阶段相适应的生产关系的总和构成社会经济基础。生产力是推动社会进步最活跃、最革命的要素；生产力和生产关系、经济基础和上层建筑相互作用、相互制约，支配着整个社会发展进程。解放和发展社会生产力是社会主义的本质要求，是中国共产党人接力探索、着力解决的重大问题。习近平总书记关于新质生产力的重要论述，丰富发展了马克思主义关于生产力的发展动力、发展原则、发展过程、发展目的、发展规律的理论，进一步拓展了生产力的内涵，丰富了生产力理论的内容，是重大理论创新，是符合新发展理念的先进生产力理论。

新质生产力是高质量发展的内在要求和重要着力点。习近平总书记指出，新时代以来，党中央作出一系列重大决策部署，推动高质量发展成为全党全社会的共识和自觉行动，成为经济社会发展的主旋律。新质生产力的提出，指明了我国经济发展的方向和关键。新质生产力的发展，必然会给我国经济发展带来新动能和新活力，从而推动高质量发展和社会全面发展。

发展新质生产力是推进中国式现代化的必然选择。一是发展新质生产力有助于推动实现人口规模巨大的现代化。如何在人口数量庞大的中国整体提高人口质量，是发展现代化进程中面临的重要问题。加快形成新质生产力，为破解这一难题提供了重要线索。发展新质生产力有利于提升劳动者素质和改变劳动者就业结构，有利于提升教育水平，培养造就更多创新型人才。科学技术发展的新成果可应用于教育领域，将丰富教育手段、优化教学方式、提高教学质量。二是发展新质生产力有助于实现全体人民共同富裕。共同富裕是中国式现代化区别于西方现代化的显著标志。如何在有14亿多人口的大国实现全体人民共享发展成果、一起迈向富裕生活，是人类社会发展过程中从未遇到过的难题。可为实现共同富裕的目标提供有力支撑。新质生产力赋能共同富裕的物质基础，赋能共同富裕分配正义和区域平衡发展。三是发展新质生产力有助于推动"两个文明"协调发展。新质生产力在提高人类物质文明的同时，也在更高层面上满足人类精神文明需求，为人类创造更多的精神产品，满足人民日益增长的精神文化需要。四是发展新质生产力有助于维护人与自然和谐共生。新质生产力本身就是绿色生产力，发展新质生产力有利于促进绿色可持续发展，推进人与自然和谐共生。五是发展新质生产力有助于推动和平发展。中国作为世界和平的重要力量，必将推动人类文明共同进步，走和平发展的现代化之路。中国发展新质生产力符合世界利益，必将壮大世界和平力量。新质生产力本身又为人类文明的交流互鉴提供更多可能，推动资金、技术、人才在全球范围内自由流动，将进一步强化与世界各国在经济文化领域的有效联动。

加快发展新质生产力是应对风险挑战的战略主动。当今世界进入新的动荡变革期，全球创新链产业链供应链面临重构，地缘政治不稳、局部冲突频发。加快发展新质生产力，可确保经济实现质的有效提升和量的合理增长。而领先世界的经济实力、科技实力和综合国力是强国建设、民族复兴的根基,恰恰是我们应对各种风险挑战的底气。我们要清醒认识到,制约高质量发展的因素还大量存在,要高度重视,切实解决。新质生产力的提出既是经验的深刻总结,也是现实实践的迫切需要,更是面向未来的重大战略性部署。新质生产力的提出对于我们当前进一步推动经济回升向好、克服有效需求不足等困难和挑战具有重大现实意义。当前高质量发展要求实现质的有效提升和量的合理增长,这就需要我们加快发展新质生产力,突出新质生产力高科技、高效能、高质量特征,积极培育发展新赛道新模式、新动能新优势,确保经济社会发展目标顺利实现。确保国内大循环的良性顺畅循环,以应对各种风险挑战,加快发展新质生产力以及与之相适应的新型生产关系,疏通堵点卡点,充分激发各种生产要素的市场活力,使国内大循环良性顺畅循环,进而实现经济提质增效、扩容增量。

15. 发展新质生产力的实践要求是什么?

习近平总书记在中共中央政治局第十一次集体学习时强调,"发展新质生产力是推动高质量发展的内在要求和重要着力点,必须继续做好创新这篇大文章,推动新质生产力加快发展"[①]。新质生产力代表

---

① 习近平:《在中共中央政治局第十一次集体学习时强调 加快发展新质生产力 扎实推进高质量发展》,《人民日报》2024年2月2日。

生产力演化过程中的一种能级跃升,是创新发挥主导作用的生产力,以高效能、高质量为基本要求,以高新技术应用为主要特征,以新产业新业态为主要支撑。

新质生产力的核心在于以科技创新推动产业创新。实践中必须加强科技创新特别是原创性、颠覆性科技创新,加快实现高水平科技自立自强,打好关键核心技术攻坚战,使原创性、颠覆性科技创新成果竞相涌现,培育发展新质生产力的新动能;必须充分发挥我国集中力量办大事的制度优势,通过创新培育新产业新业态,推进新型工业化,实现高质量发展;必须健全新型举国体制,强化国家战略科技力量,发挥好企业创新主体作用,高效整合科技资源协同攻关,坚决打赢关键核心技术攻坚战;必须以科技创新推动产业创新,及时将科技创新成果应用到具体产业和产业链上,实现新技术从"实验室"向"生产线"的跨越。

发展新质生产力,是一个系统的经济和社会工程,要通过进一步全面深化改革,形成与之相适应的新型生产关系。要深化经济体制、科技体制等改革,着力打通束缚新质生产力发展的堵点卡点,建立高标准市场体系,创新生产要素配置方式,让各类先进优质生产要素向着发展新质生产力顺畅流动。破除一切制约创新发展的障碍,围绕创新发展加快体制机制变革,努力构建实现高水平科技自立自强的技术体系、产业体系和制度体系,通过不断调整和完善生产关系,激发社会发展活力,汇聚协同创新合力,为加快发展新质生产力提供强大动能。

加快发展新质生产力，扎实推动高质量发展，必须坚持科学方法论，在实践中要处理好三种关系：一是先立后破，处理好传统产业和新兴产业的关系。二是从实际出发，坚持因地制宜和分类指导。我国幅员辽阔，各地基础条件和发展水平各异，要根据资源禀赋、产业基础、科研条件等，有选择地推动新产业、新模式、新动能发展，不能一哄而上，搞一种模式。三是注重整体性，处理好短期利益和长远利益的关系。发展新质生产力是一项长期任务、系统工程，涉及方方面面，需要科学谋划、统筹兼顾、稳中求进，扎扎实实向前推进。

16. 为什么新质生产力已经在实践中形成并展示出对高质量发展的强劲推动力、支撑力？

习近平总书记指出，"新质生产力已经在实践中形成并展示出对高质量发展的强劲推动力、支撑力"[①]。新质生产力正在引领我国经济迈上更高质量、更有效率、更加公平、更可持续、更为安全的发展之路，实现质的有效提升和量的合理增长。

新质生产力促进中国特色社会主义制度优势进一步体现。我国显著的优势是社会主义制度能够集中力量办大事。这是我们成就事业

---

① 习近平：《在中共中央政治局第十一次集体学习时强调 加快发展新质生产力 扎实推进高质量发展》，《人民日报》2024年2月2日。

的重要法宝。近年来，党中央不断加强对科技工作的集中统一领导，充分调动各方面积极性，显著提升了国家创新体系整体效能。根据国家统计局数据显示，我国经济总量占世界经济的比重上升到18%以上，对世界经济增长的年平均贡献率超过30%。科技创新驱动发展成效日益显现。全球创新指数排名升至第12位，拥有全球百强科技创新集群数量首次跃居世界第一。世界知识产权组织2023年全球创新指数中的多项数据显示，中国步入创新型国家行列。

新质生产力为科技发展注入强大动能。我国科技创新条件不断改善，2023年全社会研究与试验发展经费投入超过3.3万亿元，研发投入强度提升到2.64%，超过经济与合作发展组织（OECD）国家平均水平。近年来，我国重大科学基础设施加快布局，国家大科学装置在建和运行57个，纳入新序列管理的国家工程研究中心207个，国家企业技术中心1798家，国家级科技企业孵化器1606家，国家备案众创空间2376家[①]。科技创新在众多领域取得重大突破，"嫦娥"探月、"天问"探火等深空探测项目成功实施，量子信息、干细胞、脑科学等前沿方向取得重大原创成果，太阳能光伏、新能源汽车、数字经济等领域实现弯道超车，5G网络运用全球领先。

新质生产力促进产业体系配套完整。党的十八大以来，我国大力推进战略性新兴产业发展，前瞻布局类脑智能、量子信息等未来产业新赛道，新一代电子信息、新能源、新材料、新能源汽车等一批技术

---

① 中国宏观经济研究院：《中国经济高质量发展扎实推进（经济形势理性看）》，《人民日报》2024年3月28日。

含量高、成长性强的新产业持续壮大。2023年战略性新兴产业占国内生产总值比重从2012年的5%提高到13%以上。同时，我国工业特别是制造业体系完整，既为孕育前沿技术和颠覆性技术提供了良好条件，也为新兴产业、未来产业发展提供了配套支撑。比如，围绕锂离子蓄电池，从上游的原材料，到中游的电解液、隔膜、电芯，再到下游的新能源汽车、消费电子和储能电站应用，上中下游集群共生、联动发展，规模经济效应充分彰显。正是凭借这些完整的制造业体系优势，我国新能源汽车才在国际市场上更具竞争力。

新质生产力推进海量数据资源转化为发展优势。我国人口数量众多，人们每日的生产生活消费活动都会产生大量数据，消费电子、电子商务、移动支付等领域的市场规模位居全球第一，且仍处于快速增长阶段，直接催生社交媒体、移动出行、数字医疗等产业爆发式增长。我国制造业规模世界第一，机器设备台（套）数存量也是世界第一，工业机器人保有量占世界1/3，有力支撑了工业互联网的快速兴起。2023年我国数据生产总量预计超32ZB[1]。这些场景形成的海量数据资源，为发展新质生产力提供了丰富的"原料"供给。

新质生产力促进超大规模的市场优势进一步优化升级。我国拥有超过14亿人口，中等收入群体超过4亿人，经营主体超过1.8亿户[2]。近年来，以新能源汽车、锂电池、光伏产品为代表的"新三样"产品在技术创新、生产制造、市场销售上形成良性互动，庞大国

---

[1] 《我国去年数据生产总量预计超32ZB》，《人民日报》2024年4月3日。
[2] 《2023年新设经营主体3273万户（新数据 新看点）》，《人民日报》2024年3月14日。

内市场成为"新三样"技术迭代、产品升级、走向国际的关键支撑，2023年"新三样"产品出口值合计超过万亿元。同时，中国巨量市场需求持续吸引全球的新技术新产品，成为吸引外商投资的强大引力场。比如，特斯拉上海超级工厂，正是依托庞大的中国市场，快速形成规模经济效应，有效降低成本，加速技术迭代，成为其全球最大的智能工厂。

新质生产力促进大量高素质劳动者和企业家的人才培育。人才是第一资源。一支规模宏大、素质优良、结构不断优化、作用日益突出的人才队伍，是发展新质生产力最活跃、最具主动性的因素。据《中国科技人才发展报告（2022）》显示，2022年我国研发人员全时当量提高到635万人年，规模连续多年稳居世界首位。入选世界高被引科学家数量从2014年的111人次增至2022年的1169人次，排名世界第二。人才资源总量达到2.2亿人，高技能人才超过6000万人，每年理工科毕业生超过发达国家理工科毕业生总和。2023年世界500强中国企业上榜数量位居全球首位，拥有一批具有国际眼光和创新思维的企业家人才队伍。这些丰富的人力资源显示出新质生产力的强大支撑力。

新质生产力促进区域协调发展取得新成效。这些年来，我国围绕新质生产力推动区域协调发展取得了明显进展。一体化和高质量，是党中央着力推进长三角一体化发展的重点任务。自2014年起，习近平总书记亲自谋划、亲自部署、亲自推动了京津冀协同发展、长江经济带发展、粤港澳大湾区发展、长三角一体化发展、黄河流域生态保护和高质量发展等区域重大战略,各个区域重大战略发展规划纲要不断出台,指引各地发展。

总的来看,发展新质生产力是推动高质量发展的内在要求和重要着力点,是推动生产力迭代升级、实现现代化的必然选择,也有助于促进国民经济实现良性循环,巩固和增强经济回升向好态势。

17. 为什么实现高质量发展归根结底要在生产力水平上实现更大突破、更大发展?

习近平总书记强调:"高质量发展,就是能够很好满足人民日益增长的美好生活需要的发展,是体现新发展理念的发展,是创新成为第一动力、协调成为内生特点、绿色成为普遍形态、开放成为必由之路、共享成为根本目的的发展。"[①]这是对高质量发展科学内涵的一个基本定位。新征程上,必须完整准确全面贯彻新发展理念,推动经济发展质量变革、效率变革、动力变革,加快形成可持续的高质量发展的实现路径。生产力标准是衡量社会发展的带有根本性的标准,推动生产力发展并在此基础上不断提高人民生活水平,是我们党一切工作的根本出发点,是实现高质量发展的前提。

生产力水平实现更大突破、更大发展是高质量发展的内在要求。高质量发展是高水平高效率的发展,在整个发展中贯穿着新发展理

---

① 习近平:《开创我国高质量发展新局面》,《求是》2024年第12期。

念。推动生产力实现更大突破、更大发展,必须摆脱传统经济增长方式,坚持创新成为第一动力、协调成为内生特点、绿色成为普遍形态、开放成为必由之路、共享成为根本目的,加快推进质量变革、效率变革、动力变革,更好统筹国内与国际、发展与安全、当前与长远、总量与结构等方面的关系,保持经济平稳健康可持续发展。

高质量发展是能够很好满足人民日益增长的美好生活需要的发展。我国社会主要矛盾已经转化为人民日益增长的美好生活需要和不平衡不充分的发展之间的矛盾,人民群众在就业、教育、医疗、托育、养老、住房等方面仍面临不少难题。只有坚定不移走高质量发展之路,不断破解发展不平衡、不协调、不可持续问题,才能不断把人民对美好生活的向往变为现实。

高质量发展是推动中国式现代化建设行稳致远的发展。当前,国际环境日趋复杂,国内经济转型发展面临新的困难挑战。只有坚定不移构建以国内大循环为主体、国内国际双循环相互促进的新发展格局,不断推动高质量发展,才能在更加不稳定不确定的世界中谋求发展、把握主动、赢得未来。高质量发展强调科技创新、绿色发展和人的全面发展,需要依靠关键性颠覆性技术创新为其提供坚实的物质技术基础。因此,要实现高质量发展,必须积极培育战略性新兴产业和未来产业,在推进生产力水平上实现更大突破、更大发展。

18. 为什么需要进一步深化对新质生产力的认识?

2024年1月31日,习近平总书记在主持中央政治局第十一次集体学习时发表重要讲话,从理论和实践结合上系统阐明新质生产力的科学内涵,深刻指出发展新质生产力的重大意义,对发展新质生产力提出明确要求,为新征程上推动高质量发展提供了科学指引。

第一,新质生产力是重大的理论突破,必须深入系统学习。高质量发展需要新的生产力理论来指导。进入新时代,我国经济发展进入了新阶段。以习近平同志为核心的党中央一以贯之不断解放和发展社会生产力,作出一系列重大决策部署,推动我国经济迈上更高质量、更有效率、更加公平、更可持续、更为安全的发展之路,生产力水平实现了巨大提升和突破性发展,形成了生产力发展的新的质态。针对这种新的情况,习近平总书记明确指出,"新质生产力已经在实践中形成并展示出对高质量发展的强劲推动力、支撑力"[1]。同时,我们也要看到,一些关键核心技术受制于人问题不同程度存在,生产和生活体系向绿色低碳转型的压力很大等。进一步推动高质量发展,就要把关键核心技术牢牢掌握在自己手中,构建绿色低碳循环经济体系,实现依靠创新驱动的内涵型增长。这给我们的理论发展提出了新的课题,需要进一步深化对新质生产力的认识。习近平总书记强调,发展新质生产力"需要我们从理论上进行总结、概括,用以指导新的发展实践"[2]。习近平总书记关于发展新质生产力的重要论

---

[1] 习近平:《发展新质生产力是推动高质量发展的内在要求和重要着力点》,《求是》2024年第11期。
[2] 习近平:《发展新质生产力是推动高质量发展的内在要求和重要着力点》,《求是》2024年第11期。

述，指明了推动高质量发展的重要着力点，体现了对生产力发展规律和我国发展面临的突出问题的深刻把握，是对我国经济建设规律的深刻总结，进一步创新和发展了马克思主义生产力理论，是习近平经济思想的重要组成部分，具有重要的理论和现实意义，我们必须深入学习、深刻领会，并用于指导实践。

第二，发展新质生产力是历史发展的必然选择，必须深化理解。近年来，我国在新技术领域的积累突破以及生产要素的创新配置为产业的转型发展带来了新的机遇，面对异常复杂的国际环境和艰巨繁重的改革发展稳定任务，我们仍然能够顶住外部压力、克服内部困难，圆满完成经济社会发展的主要目标任务，源自我们党对社会生产方式变革的敏锐把握和正确认识。经过多年的积累和发展，我们在新旧生产方式交替和转变的关键历史阶段，有能力去迎接新旧动能转换带来的挑战。这个历史阶段的显著特征就是技术的革命性突破、生产要素的创新性配置以及产业的深度转型升级。传统的以资源和劳动力消耗型为主的经济增长方式以及与之相匹配的生产力发展路径在当前的环境和形势下已经不适应，需要新的生产力理论对新的生产方式进行指导，这是完全符合历史发展规律的。因此，新质生产力理论的提出是历史发展的必然选择。

第三，全面把握新质生产力的科学内涵。新质生产力是创新起主导作用的先进生产力质态，特点是创新。把握新质生产力，关键在于深刻认识创新在提高生产力中的关键性作用。新质生产力代表着先进生产力的发展方向。加快形成新质生产力，就是要在生产力发展中取得领先地位，在新领域新赛道上占据发展先机，在激烈的国际竞争中赢得发展主动权。新质生产力的本质是先进生产力。从生产力质态来看，它是创新起主导作用，以科技创新推动产业创新，摆脱传统经济增长方式和生产力发展路径的当代先进生产力，同时也是绿色生产力；从生产力自身系统性来看，它由技术革命性突破、生产要素创新性配置、产业深度转型升级而催生，以劳动者、劳动资料、劳动对象及其优化组合的跃升为基本内涵，是以全要素生产率大幅提升为核心标志的先进生产力；从特点特征来看，它具有高科技、高效能、高质量特征，特点是创新，关键在质优。从这个意义上看，发展新质生产力不仅仅是生产力总量的增加，更是生产力的深刻变革，需要在实践中不断深化认识。

发展新质生产力涉及方方面面，这就需要我们不断加深学习，掌握其整体情况，按照系统观念多角度认识新质生产力。发展新质生产力是一个系统工程。全面深化经济体制改革、扩大高水平对外开放，进一步清除制约发展新质生产力的各种障碍，激发全社会各领域各方面创新发展活力，有利于加快发展新质生产力。发展新质生产力必须以新发展理念为引领，新发展理念具有很强的战略性、纲领性、引领性，是推动高质量发展的指挥棒、红绿灯。发展新质生产力，必须完整、准确、全面贯彻新发展理念，引领带动更多实践上的创新创造和变革探索。

19. 为什么发展新质生产力需要我们从理论上进行总结、概括，用以指导新的发展实践？

习近平总书记强调，"高质量发展需要新的生产力理论来指导，而新质生产力已经在实践中形成并展示出对高质量发展的强劲推动力、支撑力，需要我们从理论上进行总结、概括，用以指导新的发展实践"[①]。由此看来，发展新质生产力是科技创新的战略重点，需要从理论上去总结把握。

一是新质生产力是新实践，需要用新理论来指导。理论源于实践，同时又指导实践。新质生产力源于新时代我国生产力建设的伟大实践，也必然对加快科技创新步伐、推动经济高质量发展、全面建成社会主义现代化强国，具有更加积极的实践指导意义。当前，我国经济发展还面临许多不确定性的风险与挑战，发展新质生产力也会遇到各种各样的困难和问题，解决这些问题，需要用科学理论来指导，才能在实践中少走弯路，推动高质量发展迈上新的台阶。

二是需要深入研究新质生产力的形成机制和发展规律，用以指导高质量发展。发展新质生产力，体现了新时代解放和发展社会生产力的客观要求，为推动高质量发展提供了强大动力支持。高质量发展，就是能够很好满足人民日益增长的美好生活需要的发展，与传统

---

① 习近平：《发展新质生产力是推动高质量发展的内在要求和重要着力点》，《求是》2024年第11期。

发展理论重点关注经济总量增长相比，高质量发展拓展了发展的内容和层次，对发展的质量和水平提出了更高的要求。实现高质量发展，必须优化经济结构，培育新的增长动力。新质生产力的形成和发展正好与之相契合。新质生产力是创新起主导作用的生产力，摆脱了传统经济增长方式和生产力发展路径，具有高科技、高效能、高质量等特征，因而更有助于持续推动经济实现质的有效提升和量的合理增长。新质生产力以劳动者、劳动资料、劳动对象及其优化组合的跃升为基本内涵，以全要素生产率大幅提升为核心标志，因而有助于以数字技术为代表的新兴技术的广泛应用，加快科技强国、网络强国建设步伐，并促进民生建设和推动全体人民共同富裕取得新的实质性进展。新质生产力本身就是绿色生产力，具有绿色化、低碳化和智能化的特点，因而能够在做强绿色制造业、发展绿色服务业、壮大绿色能源产业、构建绿色低碳循环经济体系等方面发挥重要作用。加快发展新质生产力是新时代塑造发展新动能、打造发展新优势、赢得发展主动权的必然选择。

三是新质生产力的发展离不开创新思维和创新文化，需要从理论上探讨如何培养创新思维和创新文化，以及如何将其融入科技创新中去。科技创新能够催生新产业、新模式、新动能，是发展新质生产力的核心要素。实现高质量发展，必须实现依靠创新驱动的内涵型增长。要加快科技创新步伐，突破关键核心技术，大力推进科技创新特别是原创性、颠覆性科技创新，打好关键核心技术攻坚战，使原创性、颠覆性科技创新成果竞相涌现,并及时把科技创新成果应用到具体产业和产业链上,依托我国超大规模市场和完备产业体系,创造有利于新技术快速大规模应用和迭代升级的独特优势,推动更多科技成果转化为现实生产力。新质生产力的发展需要新的创新模式和服务模式,需要从理论上探讨如何构建适合新质生产力发展的创新模式和服务模式,以提高科技创新的效率和效果。

四是新质生产力的发展需要政府、企业、高校和研究机构等多方面的共同参与和支持,需要从理论上探讨如何构建多方参与和支持的新质生产力发展机制,以形成合力推动科技创新和发展。改革是解放和发展社会生产力的关键,是推动国家发展的根本动力。必须通过全面深化改革激发内生动力,尤其是通过深化经济体制和科技体制等方面的改革,着力打通束缚新质生产力发展的堵点、卡点,形成与新质生产力发展相适应的新型生产关系。同时,还要进一步扩大高水平对外开放,塑造更高水平开放型经济新优势,为发展新质生产力营造良好国际环境。

20. 新质生产力的科学内涵是什么?

新质生产力是以创新为主导的先进生产力质态,是依靠创新驱动形成的生产力,是新的高水平的现代化生产力,相比传统生产力而言,其技术水平更高、质量更好、效率更高、更可持续。它是以新技术、新经济、新业态为主要内涵的生产力。其科学内涵主要有以下三个方面。

一是从理论维度看,新质生产力是其重大理论创新成果。党的十八大以来,在经济社会发展方面,以习近平同志为核心的党中央作出了系列重要论述,从新发展阶段、新发展理念、新发展格局、高质量发展再到新质生产力。这些重要论述统一于习近平经济思想,系统回答了新时代中国发展"怎么看""怎么干"等重大理论和实践问题,标志着我们党对经济发展阶段性特征和规律的认识达到了新的高度,发展新质生产力就是最新的重大理论创新成果。提出新质生产力,突出强调"新质",是新时代中国共产党人对马克思主义生产力理论的守正创新,丰富发展了马克思主义生产力理论的内涵,为新时代全面推进我国经济持续健康高质量发展,整合科技创新资源,引领发展战略性新兴产业和未来产业,提供了科学理论指导和行动指南。

二是从历史维度看,新质生产力是在继承和发展传统生产力基础上形成的。生产力是人类改造自然,使其适应社会需要的物质力量。生产力主要包括劳动者、劳动对象和劳动资料三个基本要素。从人类生产力发展史来看,在农业经济时代,虽经数千年的发展,但是劳动者的劳动素质和技能总体较低,劳动对象和劳动资料相对简单,人类的生产力比较低下。蒸汽机的发明和使用,使得以生产工具为核心的劳动资料出现了巨大变革,资本主义社会生产效率极大提升。自工业革命以来,人类又经历了数次科技革命,生产力以前所未有的速度和规模发展,为新质生产力的形成和发展进行了量的积累。在这个过程中,科学技术在生产力发展中的地位和作用越来越大。结合工业革命时期的实践和此后很长一段时间来看,经济发展更多是外延式发展,主要依赖于要素的扩大投入,这种发展模式使人和自然的关系极度紧张,也不具有可持续性。中国共产党高度重视科学技术在促进生产力发展中的作用,习近平总书记强调指出,"科技是第一生产力、人才是第一资源、创新是第一动力"[①]。在总结发展经验的基础上,习近平总书记进一步提出"加快形成新质生产力",为推进中国式现代化指明了生产力发展的方向。

三是从实践维度看,新质生产力是以高新科技驱动内涵式发展的生产力新形态。新质生产力强调创新的重要性,创新起主导作用,与国家创新驱动发展战略、加快建设创新型国家同步,突出创新是引领发展的第一动力;新质生产力贯彻落实新发展理念、加快构建新发展格局,摆脱传统经济增长方式和路径,向高科技、高效能、高质量的发展方式迈进;新质生产力体现了产业布局的重要性和经济发展新动能的重要性,要改造提升传统产业,培育壮大新兴产业,布局建设未来产业,完善现代化产业体系,要围绕发展新质生产力布局产业链;新质生产力的形成和发展,是系统工程,是全要素生产率的提升。随着生态、数据等生产要素的融入,传统生产力的内涵和外延不断丰富和发展。数字技术是通用技术,对新质生产力的形成影响巨大。

---

① 习近平:《高举中国特色社会主义伟大旗帜 为全面建设社会主义现代化国家而团结奋斗——在中国共产党第二十次全国代表大会上的报告》(2022年10月16日),《人民日报》2022年10月26日。

当数据成为劳动对象、算法成为劳动工具时，劳动者必然需要具备一定的数字素养，掌握一定的数字技能。能够操作、控制、维护数字技术和设备，成为新时代新质生产力劳动者的标配。一是劳动对象高新科技化。随着高新科学技术的发展，人类劳动对象发生了极大的变化。这体现为传统劳动对象的高新技术化，尤其是数智化，如传统材料的纳米研究等，同时又出现了新材料、新能源、数据等新的劳动对象。二是劳动资料高新科技化。劳动资料的核心是劳动工具，所以劳动资料高新科技化的核心是劳动工具的数智化。劳动工具具有虚拟与真实交织共在性，既包括高速泛在、天地一体、云网融合等的智能化综合性数字信息基础设施，也包括现代计算中心和数据处理中心、电子信息设备设施和各种通信工具等通用性设备。线上线下有机结合、数字经济与实体经济有机融合，产供销、服务和消费一体化发展，极大地提高了劳动生产率，降低了生产成本。

新质生产力不是传统生产力的局部优化与简单迭代，而是由技术革命性突破、生产要素创新性配置、产业深度转型升级而催生的先进生产力，必将带来发展方式、生产方式的变革，推动我国社会生产力实现新的跃升。

21. 新质生产力的特征是什么？

新质生产力具有高科技、高效能、高质量的特征，必须全面把握其主要特征，准确领会其核心要义。

新质生产力学习问答

　　高科技主要体现的是重视科技创新,特别是原创性、颠覆性科技创新,并将科技创新成果融入生产全过程。科技创新能够催生新产业、新模式、新动能,是发展新质生产力的核心要素。新质生产力的形成离不开科技创新的持续突破,新质生产力的发展坚持以科技创新推动产业创新、以产业创新不断培育壮大新质生产力。着眼于具体的生产过程,原创性、颠覆性科技创新与劳动者、劳动资料、劳动对象相结合,贯穿于生产的全过程,主导并推动着新质生产力的发展,推动实现高水平科技自立自强。

　　高效能体现为生产要素配置效率高、科技成果转化效率高和生产效率高。基于生产要素配置方式的创新,各类优质生产要素能够以更高的效率流向关键核心技术领域,进一步提升原创性、颠覆性科技的资源配置效率和创新效率。经济体制与科技体制的深化改革,促进科技成果转化的体制机制逐渐成熟,从原始创新到产业转化的时间周期持续缩短,科技成果转化效率进一步提高。原创性、颠覆性科技产业化的过程,推动了劳动者、劳动资料和劳动对象等生产要素的变革,缩短了社会必要劳动时间,能够极大提高劳动生产率。

　　高质量体现为摆脱传统增长路径,不再依靠大量资源投入、能源消耗,更加符合新发展理念。新发展理念和高质量发展内在统一,高质量发展就是体现新发展理念的发展。绿色发展是高质量发展的底色,新质生产力本身就是绿色生产力。加快形成和发展新质生产力,就是要以先进生产力打通高质量发展的关键环节,站在人与自然和谐共生的高度谋划发展全局。新质生产力能够推动产业结构、能源结构和交通运输结构的调整优化，实现经济社会发展绿色化和低碳化的目标要求，成为助力高质量发展的绿色生产力。

新质生产力是高科技的生产力，必须坚持以创新驱动科技引领为第一动力。新质生产力是高效能的生产力，必须坚持以提升全要素生产率为核心标志。新质生产力是高质量的生产力，必须坚持以实现新旧动能转换为根本途径。新质生产力目标旨在推动高质量发展，努力摆脱依靠资源投入、高度消耗能源的传统生产力发展方式，致力于创造高品质服务，满足新时代人民群众对美好生活的向往。

22. 新质生产力的特点是什么？

新质生产力的显著特点是创新，对此，我们要深刻把握其实践要求，努力做好创新这个大文章。

科技创新是新质生产力发展的核心要素。习近平总书记指出，"科技创新能够催生新产业、新模式、新动能，是发展新质生产力的核心要素"[①]。现代科学技术的快速发展，带来生产力水平大幅提高，引发一次次产业革命。伴随每一次产业革命，科学技术的生产力属性都充分显现和释放。当前，人工智能、量子信息等前沿科技，成为引领产业变革的重要力量。我们必须加强基础研究，加大对原创技

---

① 习近平：《发展新质生产力是推动高质量发展的内在要求和重要着力点》，《求是》2024年第11期。

术、前沿技术、颠覆性技术创新的支持，努力实现高水平科技自立自强，打好关键核心技术攻坚战，使原创性、颠覆性科技创新成果竞相涌现。

生产要素创新是新质生产力发展的内在要求。新质生产力有赖于劳动者、劳动资料、劳动对象及其优化组合的跃升。从劳动者维度看，新质生产力迫切需要打造能够充分利用现代技术、适应现代高端先进设备、具有知识快速迭代能力的新型劳动者队伍，进一步激发劳动者的创造力和能动性。从劳动资料维度看，数字技术使生产工具的表现形态极大丰富。从劳动对象维度看，科技进步使劳动对象的范围和领域发生了极大变化。从生产要素的组合看，必须破除要素市场化配置的体制机制障碍，加快全国统一大市场建设，创新生产要素配置方式，推动有效市场和有为政府更好结合，让各类先进优质生产要素向发展新质生产力顺畅流动。

产业创新是新质生产力发展的重要载体。数字技术、新能源技术、生物基因技术等的突破性创新表现出很强的产业联动性，基础研究、应用研究和产业化的边界进一步模糊，世界各国特别是发达国家纷纷建立高效的体制机制，通过产学研融合发展使技术创新迅速转化为生产力。我国要抓住新一轮科技革命和产业变革的机遇，围绕发展新质生产力布局产业链，发挥产业结构升级、产业间协同、产业布局优化等方面的综合效应，促进数字技术和实体经济深度融合，有效催生新质生产力。

制度创新是新质生产力发展的坚强保障。适应新质生产力发展要求，需要深化深层次改革，完善制度环境。健全新型举国体制，聚焦经济建设和事关国家发展与安全的关键核心技术问题，形成关于重大技术合作攻关的组织模式和运行机制。进一步深化经济体制、科技体制等改革，加快形成支持全面创新的基础制度体系，在创新资源配置、要素流动、科技供给、创新激励和知识产权保护等方面提供合理有效的制度安排，形成政府、高校院所、企业共同发挥作用的创新生态系统。健全要素参与收入分配机制，更好体现知识、技术、人才的市场价值，营造鼓励创新、宽容失败的良好氛围，充分激发各类人才的创新活力和潜力。扩大高水平对外开放，加强国际科技交流合作，深度参与全球科技治理，充分吸收借鉴世界各国有益于生产力发展的制度创新成果，为新质生产力发展营造良好国际环境。

创新是新质生产力的灵魂和源泉。我们要深刻把握新质生产力的特点，通过不断创新，开发出新产品、新技术、新业态，提高生产效率和产品质量，从而赢得市场竞争优势。生产关系必须与生产力发展要求相适应。发展新质生产力，必须进一步全面深化改革，形成与之相适应的新型生产关系。要按照发展新质生产力要求，畅通教育、科技、人才的良性循环，完善人才培养、引进、使用、合理流动的工作机制。要着力培养造就战略科学家、一流科技领军人才和创新团队，着力培养造就卓越工程师、大国工匠，加强劳动者技能培训，不断提高各类人才素质，为发展新质生产力提供源源不断的人才和智力支撑。

23. 新质生产力的关键是什么？

新质生产力的关键在质优。习近平总书记关于新质生产力的重要论述对我们进一步立足中国式现代化新征程和高质量发展时代任务，深入理解、学习、应用和发展新质生产力理论指明了新方向。

质优是科技创新的客观需要和重要体现，是发展新质生产力的"牛鼻子"。科技创新在生产力中的关键地位和作用，已在人类历史上被反复证明。从18世纪第一次工业革命的机械化科技进步，到19世纪第二次工业革命的电气化科技发展，再到20世纪第三次工业革命的信息化科技革命，一次次颠覆性的科技革新和进步，带来社会生产力的大解放和生活水平的大跃升，创造了更多的社会财富，从根本上提高了生产力水平，改变了人类历史的发展轨迹。必须把发展基点放在创新的质量上，通过创新培育发展新动力、塑造更多发挥先发优势的引领型发展，不断推动经济社会的持续健康发展。

质优是解决全球性问题和促进社会进步的根本途径。质优不仅助力经济向高质量方向发展，提升国家在全球舞台上的竞争力，更在解决全球性问题和促进社会进步方面发挥着不可替代的作用，依托科技进步，通过提高生产效率、优化资源配置和推动产业升级，有力地推动经济的高质量发展。同时，发展新质生产力最终目的还是满足人民日益增长的美好生活需要。质优则体现在生产要素和生产过程中，是生产的前提和过程。实现高质量发展，加快形成和发展新质生产力，必须做到质优。

质优体现在发展生产力站在科技革命和产业革命的前沿上。培育发展新质生产力需要厘清颠覆性技术与新质生产力的内在联系，把握颠覆性技术催生新质生产力的实现路径。原创性、颠覆性技术能替代现有技术，成为未来的主流，进而推动现有技术体系的"变轨"跃迁，具有更高的技术水平、更好的技术效能、更强的可持续能力。掌握了颠覆性技术，就能抢占发展先机、赢得竞争优势，形成具有高科技、高效能、高质量的新质生产力。

质优还体现在绿色发展上。生态就是资源，就是生产力。"质优"就是加快生产力的绿色化转型，助力实现碳达峰碳中和，以绿色技术驱动绿色产业发展、壮大绿色经济规模，走资源节约、生态友好的发展道路。质优不是排斥传统产业，而是推动传统产业现代化、智能化转型。

加快形成和发展新质生产力必须紧紧扭住质优这个关键，从国家战略层面加强对未来产业的统筹谋划，在类脑智能、量子信息等前沿科技和产业变革领域，组织实施未来产业孵化与加速计划，对前沿技术、颠覆性技术进行多路径探索和交叉融合，做好生产力储备。质优需要不断进行设备更新。鼓励先进、淘汰落后，实施设备更新、消费品以旧换新、回收循环利用、标准提升，促进先进设备生产应用，推动先进产能比重持续提升，从而推动新质生产力的发展。

24. 新质生产力的本质是什么？

新质生产力本质是先进生产力。新质生产力不同于传统生产力，其本质是在科技、制度、产业、劳动者素质等方面处于领先地位，摆脱传统生产力路径，科技创新持续突破，推动产业创新。

一是科学技术先进。生产力的进步总是以先进的科技代替旧的生产手段，从而推进社会进步。从历史上看，生产力的飞跃发展一般是科技进步与技术革命的结果，新质生产力同样源于技术革命性突破。新质生产力正在以极快的速度变革着传统的生产方式。在数字技术的应用下，数字化、智能化、网络化、绿色化变革席卷了各个领域，降低了生产成本，提升了生产过程的效率和灵活性，提高了劳动生产率，摆脱了传统经济增长方式和生产力发展路径的限制。

二是制度机制先进。制度机制先进是新质生产力发展的根本保障。传统的资源配置方式往往基于经验和人工决策，生产力发展受到限制。在物联网、大数据等先进技术的应用和普及下，生产要素实现创新性配置。新质生产力正是通过科技手段和智能化管理方式实现了资源配置的精准化，降低了资源配置的成本和风险，促进了资源的节约利用，推动要素实现全球范围内的互联互通，使得生产要素能够发挥互补优势，促进生产要素之间的创新互动，推动生产要素实现深度融合，增强了生产要素间的协同效应。生产要素的创新性配置能够激发创新潜能，进一步促进生产力的快速发展。

三是产业发展先进。产业发展先进是生产力发展的实践基础,也是科技成果转化的重要标志。在新质生产力发展过程中,数字产业化和产业数字化加速演进,新兴产业不断崛起为经济带来了新的增长点。同时,传统产业转型升级,数字化、智能化等概念转变为现实。在此基础上,新质生产力推动了产业间的融合发展,形成了具有高度协同效应的产业链和产业生态,加速构建现代化产业体系,进一步推动生产力的发展。

四是劳动主体先进。在新技术、新工艺和新模式下,劳动者需要具备较高的教育水平、专业能力和创新能力以适应生产过程的变化,从而有效提升劳动生产率。在新的生产方式和商业模式下,劳动者需要具备批判性思维,勇于挑战传统观念和方法,不断推动技术的突破和进步。在产业升级的不断推进下,劳动者需要具备快速学习的能力和较高的适应能力以应对变化和挑战,保持竞争力。

新质生产力本质上是先进生产力,在"质"和"量"两个方面实现对传统生产力的超越。在生产效率上,能够促进各类优质生产要素以更高的效率流向关键核心技术领域,促成科技成果转化的体制机制逐渐成熟,原始创新到产业转化的时间周期持续缩短,科技成果转化效率进一步提高。

25. 新质生产力之"新"体现在哪些方面?

习近平总书记关于新质生产力的重要论述,为我们全面把握新质生产力的内涵指明了方向。生产力的发展是一个有规律可循的过程。新质生产力和传统概念中的生产力有联系也有区别,新质生产力就是与原来性质截然不同的改造自然的能力,科学技术是形成新质生产力的关键。新质生产力之"新"体现在以下几个方面。

一是体现在新动力上。发展新质生产力必须使原创性、颠覆性科技创新成果良性发展,培育发展新质生产力的新动能。发挥科技创新的核心动力作用,开辟高质量发展新领域,塑造新动能、新优势,为加快发展新质生产力提供持久动力。加强科技创新资源统筹,在创新主体、创新资源、创新环境等方面持续加大统筹力度,攻克核心技术所面临的困难,实现重点领域的创新性突破,从而形成核心竞争力,实现科技自立自强,提升国家创新体系整体效能。

二是体现在新产业上。新质生产力以产业为载体,通过推动主导产业和支柱产业的更迭换代带动产业结构与产业形态的持续升级,改造传统产业,使过去的新兴产业、未来产业成为现在的主导产业,使现在的新兴产业、未来产业成为新的支柱产业。因此,夯实战略性新兴产业和未来产业的发展基础,是推动新质生产力不断转化进阶进而为中国式现代化注入强大动力的必由之路。

三是体现在新模式上。新质生产力通过数字技术与实体经济深度融合,带来新研发、新制造、新管理模式和新的组织形态,以满足人民日益增长的美好生活需要为立足点,瞄准产业升级和消费升级方向,加强质量品牌建设。要不断提升供给体系对国内需求的适配性；推进工业数字化转型，加快高阶信息通信、数据中心、计算中心等新型信息基础设施建设和应用，深化工业互联网创新应用，推进智能网联汽车、高端机器人等智能化产品的研发和制造；深入实施智能制造工程，推动人工智能、互联网、大数据等新一代信息技术与制造业深度融合。

26. 新质生产力之"质"体现在哪些方面？

新质生产力是符合新发展理念的先进生产力质态，具体表现在本质、质量、品质等方面。

新质生产力之"质"在其本质。生产力的质态不是一成不变的，而是随着时代的变化会不断产生新质生产力，不同时代的生产力都有鲜明的时代特征。发展新质生产力从一定意义上说是新旧动能的转换。新质生产力是以信息化、网联化、数字化、智能化、自动化、绿色化、高效化为关键提升点，具有显著的高效能、高效率、高质量特征。从依靠资源投入和消耗到依靠科技创新彰显了新旧动能质的转化。发展新质生产力将"科技是第一生产力"和"创新是第一动力"的内在本质联系起来，表现为新技术、新模式、新产业、新业态、新领域、新赛道、新动能、新优势等方面的"新质"，体现在新科技、新能源、新产业等新领域的"新质"，以及促使这三个方面融合发展的数字经济形态。

新质生产力之"质"在其质量。当前，我国大部分领域"有没有"

的问题基本解决,"好不好"的问题日益凸显,客观上要求形成需求牵引供给、供给创造需求的新平衡。新需求对供给升级提出更高要求,牵引和激发新供给,撬动着生产力的跃升;新质生产力形成的新供给,能够提供更多高品质、高性能、高可靠性、高安全性、高环保性的产品和服务,能够更好满足和创造有效需求。加快发展新质生产力,符合高质量发展的要求,有助于实现国民经济良性循环,更好发挥超大规模市场优势,增强经济增长和社会发展的可持续性。

新质生产力之"质"在其品质。发展新质生产力,就是要着眼于满足人民日益增长的美好生活需要,通过贯彻新发展理念,构建新发展格局,实现高质量发展,着力解决发展不平衡不充分问题,不断提高人民生活品质、生活品位,使其适应生活方式转型、生活品质提升的新要求。推动形成和发展以科技赋能为特征的新质生产力不仅是提升人民生活品质、不断满足人民日益增长的美好生活需要,还是顺应人民对高品质生活期待的有效途径。

27. 为什么说新质生产力由技术革命性突破、生产要素创新性配置、产业深度转型升级而催生?

新质生产力是由技术革命性突破、生产要素创新性配置、产业深度转型升级而催生。与传统生产力相比,新质生产力技术水平更高、质量更好、效率更高、更可持续。新质生产力的产生是科技创新和经济发展共同推动的结果,不仅是实现经济高质量发展的必然选择，也是提升国际竞争力、实现可持续发展的重要途径。

技术革命性突破为新质生产力提供革新动力。新质生产力中的新技术，是对传统的模仿式、渐进式的科技创新的超越，是对前瞻性、颠覆性关键核心技术突破而产生的，具有高科技、高效能、高质量的先进质态，涵盖人工智能、量子信息、区块链、5G通信、新能源、新材料、生物科技等新兴技术和未来技术。新质生产力内含的突破性科技一经出现，必将有力推动战略性新兴产业和未来产业不断涌现，助力传统产业不断向高附加值、高效益的产业攀升，提升区域产业韧性和产业链自主可控能力。

新型生产要素优化配置为新质生产力提供全新动能。不同于传统生产要素，新质生产力内含新型生产要素，兼备劳动资料和劳动对象的双重身份被纳入生产之中，超越了传统生产要素的基本属性与价值创造能力，形成了全新发展动能。新型生产要素在产业发展实践中的创新性应用，不仅在生产和消费两大环节提升了全要素生产率，而且在创新性应用后进一步转换为新知识，在"数据＋算力＋算法"的加持下，与用户持续产生交互反馈，持续优化研发设计，满足用户个性化、体验化需求，更好地实现了研发创新迭代。

战略性新兴产业和未来产业涌现为新质生产力发展提供主体支撑。通过技术创新、模式创新和业态创新，一批战略性新兴产业和未来产业得以成长起来，并不断吸纳整合新技术、新要素，从研发、生产、销售到服务形成先进、完整产业链条，极大地提升了区域产业价值链和国际分工位置,同时带动了传统产业的转型升级。尤其是那些前瞻性未来产业,一旦越过爆发式增长的拐点,先发布局者将获取巨大的"创新租金",并持续占据先发优势,成为区域经济实现高质量发展的有力支撑。

28. 为什么说新质生产力以劳动者、劳动资料、劳动对象及其优化组合的跃升为基本内涵?

新质生产力以劳动者、劳动资料、劳动对象及其优化组合的跃升为基本内涵。理解这一重要论述可以从以下几个方面加深认识。

一是劳动者、劳动资料、劳动对象紧密相连共同推动着生产力的提升和社会进步,这与新质生产力发展内涵要求相一致。新质生产力是由于新的劳动者、劳动资料、劳动对象的优化组合而产生了质变的先进生产力形态,与其相关联的生产技术往往具有渗透性、融合性,使新质生产力要素的比例关系、组合结构、规模范围、演进方向等都会出现革命性的变化,实际上也就是在既有新资源和新技术条件下实现了生产可能性曲线的扩展。劳动者、劳动资料和劳动对象,在生产过程中发挥着至关重要的作用,其优化组合的跃升构成基本内涵。

劳动者是新质生产力的核心力量。劳动者是新质生产力中最具活力和创造力的要素。他们不仅拥有专业技能和知识,还具备创新意识和实践能力。在现代社会中,劳动者的角色越发重要,他们通过参与生产活动,将劳动资料和劳动对象转化为实际的生产力。

劳动资料是新质生产力的物质基础。劳动资料作为新质生产力的物质基础，包括生产工具、设备、原料等。随着科技的进步和社会的发展，劳动资料不断更新换代，为生产活动提供了更加高效、便捷的条件。

劳动对象是新质生产力的加工对象。劳动对象包括各种原材料、半成品以及自然界中的物质资源。劳动者通过运用劳动资料对劳动对象进行加工和改造，创造出满足人们需求的产品或服务。

劳动者以智慧和技能为主导，劳动资料为物质基础，劳动对象则是生产活动所指向的具体目标。三者紧密相连，共同推动着生产力的提升和社会进步。

二是从劳动者、劳动资料、劳动对象三个方面来看，新质生产力超越了传统生产力。就劳动者而言，与新质生产力相匹配的是知识型、技能型、创新型劳动者，其拥有更为先进的认识能力和实践能力，具备更高的创新素养和劳动能力。就劳动资料而言，随着科技发展，劳动资料的内涵不断拓展，与新质生产力相匹配的劳动资料不仅有普通机器设备和电子计算机，还有人工智能、虚拟现实和增强现实设备等高端精密仪器和智能设备。特别是在数字经济时代，数字技术赋予了劳动资料数字化属性，智能传感设备、工业机器人、云服务、工业互联网等都属于劳动资料。就劳动对象而言，与新质生产力相匹配的劳动对象除了以物质形态存在的未经加工的自然物以及加工过的原材料，还包括伴随科技进步新发现的自然物、注入更多技术要素的原材料，以及数据等以非物质形态存在的劳动对象。数据成为劳动对象，促进了数字产业化和产业数字化发展，使数字技术与实体经济深度融合，为传统产业的转型升级以及战略性新兴产业和未来产业的发展创造了有利条件。

三是随着科技的飞速进步和全球化的深入发展，新质生产力劳动三要素呈现出一些新的发展趋势。劳动者的素质和技能水平将不断提高，对教育和培训的需求也将日益增加。劳动资料将更加智能化和自动化，物联网、大数据等技术的应用将使得生产活动更加高效和精准。劳动对象将更加丰富和多样化，新材料的研发和应用将不断拓展生产领域的边界。通过深入理解其内涵和作用，我们可以更好地把握新质生产力的发展规律，充分发挥劳动者的创造力、优化劳动资料的配置、合理利用劳动对象，共同推动新质生产力的发展。

29. 为什么说新质生产力以全要素生产率大幅提升为核心标志？

新质生产力以全要素生产率大幅提升为核心标志。全要素生产率是指经济增长中扣除劳动、资本等要素投入之外的技术进步和能力实现等导致的产出增加，或者说因更有效配置资源实现的额外增长，通常表现为技术进步、体制改革和组织管理改善等无形要素的作用。从形式上看，它是剔除要素数量投入的成果分解余额。从本质上看，它是要素质量以及组合方式变革形成的产出贡献水平。因此，全要素生产率提升形成的产出贡献与一系列的经济制度相关。

在企业生产层面，全要素生产率体现科技创新及成果应用程度，提高全要素生产率契合新质生产力的"高科技"特征。企业生产的产品数量取决于要素投入和要素组合效率。在要素供给给定的条件下，科技进步可以通过扩展要素类型（例如数据成为新要素）、提高要素质量（例如劳动者素质提高）、改进组合方式（例如生产自动化程度增强）等形成产出增长。科技进步直接影响全要素生产率，通过突破要素供给的约束提升全要素生产率，从而赋予生产力新的动力源泉。我们说科学技术是第一生产力，就是因为科技进步提升了全要素生产率。

在供求对接层面，全要素生产率体现生产端对需求端的回应能力，提高全要素生产率契合新质生产力的"高效能"特征。在市场经济条件下，产品从供给端向需求端的转化是"惊险的跳跃"。效率反映的是生产领域中要素投入向产品产出的转化水平，体现供求体系中产品供给对市场需求的满足程度。当前我国消费需求呈现规模扩大、结构多元的显著趋势，居民对生态、教育、保健、数据等产品的需求在扩展，企业对信息化、自动化等设备的投资需求在增长，对这些需求的回应能力越强，表明全要素生产率的水平和经济效能就越突出。

在国民经济层面，全要素生产率体现新发展理念的贯彻水平，提高全要素生产率契合新质生产力的"高质量"特征。我国实现高质量发展，是以创新、协调、绿色、开放、共享的新发展理念为指导，全要素生产率与新发展理念的贯彻实施紧密关联。创新发展体现为全要素生产率的增长贡献度在提高,协调发展体现为全要素生产率的提升因结构优化而具有持续性,绿色发展体现为全要素生产率的变化契合了需求结构的转型,开放发展体现为全要素生产率的提升来自全球资源配置程度的提高,共享发展体现为全要素生产率的提升能够获得需求维度的支撑。

全要素生产率的提升取决于"技术"因素,也取决于"制度"因素,即经济制度的调整能力,因为制度创新对技术创新会形成激励和保障作用。实践中,要加快推进全要素生产率提升,以此汇聚形成新质生产力发展的强大力量。全要素生产率大幅提升可以提高经济效益,带动生产效率的提高,推动经济的增长。生产率的增长是经济增长的基础,能够为经济注入新的动力,能够以更高的效率提供产品或服务。通过提升全要素生产率,可以在资源有限的情况下实现更多产出,实现经济的可持续发展。同时,高效的生产方式也有利于减少资源消耗和环境污染,实现经济与生态的协调发展。

新质生产力所追求的不仅是生产量的增加,更重要的是在同样的资源投入下,实现更高质量、更高效率的生产。因此,全要素生产率的提升成为衡量新质生产力水平高低的核心标志。

30. 为什么科技创新是发展新质生产力的核心要素?

科技创新能够催生新产业、新模式、新动能,是发展新质生产力的核心要素；必须继续做好创新这篇大文章，推动新质生产力加快发展。

科技创新是促进生产力发展的关键变量。科技创新特别是突破性技术变革，会大大提高要素生产率。科技创新深刻重塑了劳动者、劳动资料、劳动对象等生产力基本要素，推动向着更高素质的劳动者、更高技术含量的劳动资料和更广范围的劳动对象进行跃升，并实现优化组合，催生新产业、新模式、新动能，能够推动生产力向更高级、更先进的质态演进。

科技创新是向新质生产力跃升的内在驱动。新质生产力依靠科技创新驱动，通常表现为更高的效率、更好的质量、更强的创新能力和更符合高质量发展要求的生产方式，它以高科技、高效能、高质量为特征，是对传统生产方式的革新。新质生产力并不是对传统生产力的纯粹否定和简单替代，发展新质生产力不是忽视、放弃传统产业。传统生产力为新质生产力的培育和发展提供支持，新质生产力推动传统产业的转型升级，促进质的有效提升和量的合理增长，进而推动经济社会高质量发展。

科技创新促进新质生产力与新型生产关系相互适应。科技创新深刻影响并重塑生产关系。科技创新极大地提高了生产效率，降低了生产成本，并引发生产方式的变革和劳动形态的演变，进而推动生产关系的调整。科技创新引发生产关系各个要素进行优化组合，需要不断健全完善与之相匹配的法律框架、监管政策和保障机制，激发劳动者的创造性、推动分工协作和生产组织的现代化等，共同激发新质生产力持续发展，形成新质生产力发展和生产关系优化的动态适应。

科技创新需要市场与政府更好结合。依靠科技创新塑造发展新动能，需要充分发挥市场在资源配置中的决定性作用，由市场需求主导创新资源有效配置，强化企业创新主体地位，营造有利于科技型中小微企业成长的良好环境，促进科研成果向现实生产力的快速转化，加速新技术、新产品、新业态的涌现。科技创新还需要更好发挥政府作用，健全宏观调控体系，强化监督管理，提供公共服务，积极防范化解重大风险，加快推进国家创新体系建设，在顶层设计、战略规划、政策供给等方面加强统筹布局，充分释放市场活力，促进更加有效的市场形成。

31. 在新一轮科技革命和产业变革深入发展的背景下，我国发展新质生产力是基于怎样的现实需求？

习近平总书记在主持召开新时代推动中部地区崛起座谈会时强调，"要以科技创新引领产业创新，积极培育和发展新质生产力"[①]；在湖南考察时指出，"科技创新是发展新质生产力的核心要素。要在以科技创新引领产业创新方面下更大功夫"[②]。我们要抓住新一轮科

---

① 习近平：《主持召开新时代推动中部地区崛起座谈会强调 在更高起点上扎实推动中部地区崛起》，《人民日报》2024年3月21日。

② 习近平：《在湖南考察时强调 坚持改革创新求真务实 奋力谱写中国式现代化湖南篇章》，《人民日报》2024年3月22日。

技革命和产业变革机遇,推动产业智能化发展。当前,通用人工智能、生命科学、新能源等前沿技术正在引领产业发展的新方向、开辟产业发展的新赛道。只有紧紧跟踪并把握科技前沿变化,才能把创新主动权、发展主动权牢牢掌握在自己手中。

第一,从风险挑战看,当前我国发展面临的环境复杂严峻。世界百年未有之大变局加速演进,世界经济增长动能不足,外部环境复杂严峻,科技创新已成为国际战略博弈的主要战场,全球经济和创新版图正在重构,地缘政治风险加大,全球经济增长动能不足。部分发展中国家货币贬值加剧,资本持续外流、偿债难度增加,可能引发国际收支危机和主权债务危机。从国内来说,虽然当前推动高质量发展成为全党全社会的共识和自觉行动,成为经济社会发展的主旋律,取得扎实成效,但同时,制约高质量发展的因素还大量存在。有效需求不足,居民就业增收压力较大,消费能力受到抑制。部分行业产能过剩,一些领域风险隐患仍然较多,国内大循环存在堵点。

第二,从战略机遇看,国内外环境深刻变化带来一系列新机遇。和平与发展仍然是时代主题,对美好生活的追求是各国人民的共同愿望。国际力量对比更趋均衡。以我国为代表的发展中国家的国际影响力不断增强,经济总量占全球比重由2000年的21%上升至2022年的43%[①]。在新一轮科技革命深入发展中,主要国家都在抢抓竞争制高点,谋取发展新优势。

---

① 郑栅洁:《十年共建结硕果 携手共进向未来 扎实推进高质量共建"一带一路"行稳致远》,《习近平经济思想研究》2023年第6期。

第三,从支撑条件看,我国经济韧性强、潜力大、活力足,推动经济高质量发展具有良好支撑基础和有利条件。政治保障坚强有力。我国国家治理体系和治理能力现代化水平不断提升,社会主义集中力量办大事的制度优势持续显现,我国经济展现出抵御风险、应对考验的强大韧性。首先,物质基础更为坚实。我国拥有全球最完备的产业体系、日益完备的基础设施网络,制造业增加值规模连续多年位居世界第一。其次,发展活力不断增强。我国拥有14亿多人口、4亿多中等收入群体,是全球超大规模且最有增长潜力的市场。最后,宏观政策空间较大。党的十八大以来,在有力有效应对一系列困难挑战的斗争实践中,我国宏观调控经验更加丰富,体制更加完善,手段更加充足。

第四,从科技进步、产业变革的现实看,近年来,我国产业融合化发展进程加速,对经济增长的贡献逐步上升,制造业服务化水平上升,供需协同性大大提升,人民群众的消费水平和生活品质也有了大幅提升。但同时,我国产业发展仍处在全球价值链中低端,还存在关键核心技术"卡脖子"问题等。新征程上,我们要坚持以习近平新时代中国特色社会主义思想为指导,贯彻落实习近平经济思想,坚持把发展经济的着力点放在实体经济上,补齐产业发展短板弱项,建设具有完整性、先进性、安全性的现代化产业体系,为加快形成新质生产力奠定坚实产业基础。

32. 新质生产力推进中国式现代化的战略路径是什么？

实现中国式现代化的目标，需要坚定不移地追求高质量发展，而培育和发展新质生产力则是推动高质量发展的重要动力。

首先，在科技创新上用真功，构筑新质生产力的核心动力。以新质生产力推动高质量发展进而推进中国式现代化，是一个探索性事业。要抓住科技革命的新契机，深入探索生产力发展和经济社会变化规律，制定科学的政策体系，发挥新型举国体制优势，彻底解决西方国家对我国在高端芯片、工业软件、先进生物等关键技术领域的"卡脖子"问题。因此，必须全面优化整合国家实验室、国家重点实验室、高水平科研院所以及创新型领军企业等创新平台和创新资源，加快突破一批前沿性颠覆性核心技术；积极融入全球创新网络，构建不同领域不同范围的科技合作共同体，充分利用"一带一路"科技创新专项合作计划，不断突破西方国家科技霸权围堵。

其次，依托新科技发展新产业，构建现代化产业体系。习近平总书记指出："要及时将科技创新成果应用到具体产业和产业链上，改造提升传统产业，培育壮大新兴产业，布局建设未来产业，完善现代化产业体系。"[①]当前要抓住新一轮科技革命和产业变革的机遇培育新能源、生物制造、低空经济等战略性新兴产业，加快打造具有国际竞争

---

① 习近平：《在中共中央政治局第十一次集体学习时强调 加快发展新质生产力 扎实推进高质量发展》，《人民日报》2024年2月2日。

力的战略性新兴产业集群,力争在这一领域实现并跑乃至领跑,抢占全球产业发展制高点。要加快利用数字技术、绿色技术等先进技术改造提升传统优势产业,推动传统产业向智能化、绿色化、高端化发展。根据现代化产业体系的内涵,我们不仅要在新科技上取得新突破,还要提高科技成果转化和产业化水平,从产业端培育和发展新质生产力。同时要加强应用基础研究和前沿研究,并通过创新要素集聚、形成产品原型、不断丰富拓展应用场景来实现产业化规模化发展。

再次,全面优化提升各类生产要素,适应新质生产力发展要求。要加快建设全国统一大市场,建立健全制度保障体系。建立多层次的新质人才培养体系,面向科技前沿领域培育发展一批高层次人才队伍,充分发挥他们的科技领军作用,使我国在重要科技领域成为全球领跑者;要积极优化数据要素的配置和利用,大力加强数字基础设施建设,继续推动数据市场建设,提升数据处理分析能力,强化数据安全与隐私保护;要围绕新质生产力发展要求,进一步完善和提升知识、技术、管理、金融等生产要素;要进一步优化配置生产要素,提升生产要素的协同作用。

最后,深化体制改革,建立与新质生产力相适应的生产关系。一是加快经济体制改革,处理好政府与市场的关系,充分发挥政府在基础研究和重大科技设施等方面的主导作用,同时要积极建立全国统一大市场,促进优质生产要素向新质生产力通畅流动。二是加大科技体制改革力度，完善权益保护、成果转化等机制，激发人才创新活力。三是营造良好的创新生态环境，倡导创新、宽容失败，培育有利于创新的社会氛围和文化环境。四是顺应时代发展要求，着眼于解决重大理论和实践问题，积极识变应变求变，大力推进改革创新，不断塑造发展新动能新优势，充分激发全社会创造活力。

33. 如何认识新质生产力与中国式现代化的内在一致性？

新时代新征程，以中国式现代化全面推进强国建设和民族复兴伟业，要深刻理解新质生产力的丰富内涵，把握新质生产力与我国现代化产业体系建设之间的逻辑关系，以培育发展新质生产力为新动能和着力点，加快构建现代化产业体系。

新质生产力是新的高水平的现代化生产力。新质生产力是新类型、新结构、高技术水平、高质量、高效率、可持续的生产力。新质生产力以第三次和第四次科技革命和产业革命为基础，以信息化、网络化、数字化、智能化、自动化、绿色化、高效化为主要特征。

中国式现代化和高质量发展需要形成和发展新质生产力。形成和发展新质生产力是推进高质量发展、实现中国式现代化的迫切要求。我们要实现的现代化是人口规模巨大的现代化，是全体人民共同富裕的现代化，是物质文明和精神文明相协调的现代化，是人与自然和谐共生的现代化，是走和平发展道路的现代化，不能走西方国家生产力大发展但破坏生态环境、靠殖民掠夺导致贫富分化的老路。中国式现代化将是一项人类历史上前所未有的巨大进步，也是十分艰巨的任务。实现这一宏伟目标，必须把高质量发展作为新时代的硬道理，不断解放和发展社会生产力。必须牢牢把握新一轮科技革命和产业变革的历史机遇，大力发展新质生产力，努力实现我国社会生产力可持续的跨越式发展，走出一条新型现代化路子。

新质生产力为中国式现代化提供物质技术基础。没有坚实的物质技术基础，就不可能解决面临的突出矛盾和问题，就不可能全面建成社会主义现代化强国。这个坚实的物质技术基础主要体现为新质生产力。中国式现代化包括工业、农业、服务业、国防等多方面的现代化，但都必须以科学技术现代化为基础。不形成和发展新质生产力，不仅科学技术现代化不可能实现，其他方面的现代化也不可能实现。

建设现代化产业体系必须依靠新质生产力。建设现代化经济体系特别是现代化产业体系是经济现代化的战略目标。现代化产业体系是以高新技术产业为主导、以现代农业为基础、以现代制造业为主干、以现代服务业为主体、用现代科学技术来武装，能够实现可持续发展的产业体系。高新技术产业的形成和发展，现代科学技术对传统产业的武装改造，农业、制造业、服务业的优化升级和现代化，都有赖于高素质的劳动力和新型的生产资料，都离不开现代高新技术的研发和运用，而高新科学技术、高素质劳动力和高品质生产资料就是新质生产力的主要内容。

当前，随着新一轮科技革命和产业变革的不断深入，世界已经进入数字经济时代。数字经济时代对传统生产力提出了新的挑战，也对生产力的三大核心要素提出了新的要求，现代化的生产力基础因此发生了深刻变化，这就需要新的生产理论来指导推动中国式现代化。所以，以中国式现代化推进中华民族的伟大复兴，全面建成社会主义现代化强国，就必须培育发展新质生产力。

34. 为什么发展新质生产力是推动高质量发展的内在要求和重要着力点？

习近平总书记指出，"发展新质生产力是推动高质量发展的内在要求和重要着力点"[①]。这主要有以下几个原因。

新质生产力为高质量发展注入强劲动力。将科学技术渗透和融入劳动者、劳动资料和劳动对象之中，并促进三者优化组合，就会推动生产力水平不断提升，进而推动高质量发展。新质生产力是创新起主导作用，摆脱传统经济增长方式、生产力发展路径的先进生产力质态。人类社会发展中的每一次科技革命，都带来生产力发展质的飞跃，重新定义生产力质态。当前，我国经济正处在转变发展方式的攻关期，培育和发展新质生产力能够彻底摆脱传统经济增长方式下粗放扩张、低效发展的生产力发展路径，为高质量发展注入更为强劲的

---

① 习近平：《发展新质生产力是推动高质量发展的内在要求和重要着力点》，《求是》2024年第11期。

动力、奠定更为坚实的基础。

新质生产力为高质量发展提供新方式。新质生产力源自技术革命性突破。紧紧抓住新科技革命机遇,在人工智能、量子科技、生命科学等新技术领域取得突破,将重塑创新生态、催生产业变革、大幅提升生产率,在激烈的国际竞争中抢占先机。新质生产力源自生产要素创新性配置。具有更丰富知识、更高技能的劳动者,与更加智能、高效、低碳、安全的劳动资料相结合,对传统的和新型的劳动对象进行优化组合,能够在传统生产要素配置的边际效应递减时,通过生产要素创新性配置大幅提升全要素生产率。新质生产力源自产业深度转型升级,这不仅包括产业间比例关系的调整和高附加值产业比重的提高,更包括产业技术变革对产业赛道和产业生态的重新定义,催生新产业、新模式、新动能。

新质生产力为高质量发展开辟新路子。改革开放以来我国用几十年时间创造了经济快速发展奇迹,走完了西方发达国家几百年走过的工业化历程,成为世界第二大经济体。同时也要看到,我们过去主要是依靠资源等要素投入推动经济增长和规模扩张,这种粗放型发展方式已经不可持续,必须加快转变发展方式。新质生产力具有高科技、高效能、高质量特征,发展新质生产力能够有效解决发展方式粗放、产业层次偏低、资源环境约束趋紧等问题,从而有力推动发展质量变革、效率变革、动力变革。

新质生产力以全要素生产率大幅提升为核心标志,这与高质量发展的本质是一致的。全要素生产率能够综合反映资源配置状况、生产手段的技术水平、生产的组织管理水平等因素。近年来，我国注重构建全国统一大市场和高标准市场体系，营造法治化营商环境，这为我国发展新质生产力奠定了良好基础。新质生产力代表着新一轮科技革命和产业变革的趋势和方向，能够很好满足人民日益增长的美好生活需要。从问题导向看，发展新质生产力有利于解决发展不平衡不充分问题；从忧患意识看，发展新质生产力有利于增强我国的生存力、竞争力、发展力、持续力。要适应科技发展新趋势，按照发展新质生产力要求，畅通教育、科技、人才的良性循环，完善人才培养、引进、使用、合理流动的工作机制，激发劳动、知识、技术、管理、资本和数据等生产要素活力，为发展新质生产力、推动高质量发展奠定扎实基础。

新质生产力已经在我国经济发展实践中形成并展示出对高质量发展的强劲推动力、支撑力，我们要积极培育和发展新质生产力，推动高质量发展不断取得新成效。

35. 为什么加快构建新发展格局要加快形成新质生产力？

构建以国内大循环为主体、国内国际双循环相互促进的新发展格局，是以习近平同志为核心的党中央根据我国发展阶段、环境、条件变化，审时度势作出的重大决策。全面建成社会主义现代化强国，要求我们不断发展新质生产力、不断塑造发展新动能新优势、不断开辟发展新领域新赛道，推动构建新发展格局。

　　加快形成新质生产力是构建新发展格局的动力支撑。构建新发展格局最本质的特征是实现高水平的自立自强。科技创新是新质生产力的核心要素和特点，发展新质生产力，最根本的是做好创新这个大文章。构建新发展格局以自主创新为核心引擎，为推动高质量发展提供动力支撑。对国内而言，新质生产力的发展有助于提升国内产业链和供应链的现代化水平，促进国内大循环的畅通无阻；对国外而言，新质生产力通过技术与知识的辐射和扩散，增强我国在国际分工中的地位，推动国内国际双循环相互促进。同时，新发展格局为新质生产力培育提供了有利于其发展的宏观背景与市场环境。过去几年以互联网、大数据、人工智能、云计算、区块链等新一代信息技术为代表的数字生产力获得了长足发展，并逐渐成为世界经济社会秩序的重要力量。

　　加快形成新质生产力为构建新发展格局的可持续发展提供保障。新质生产力是加快产业经济绿色转型、促进人与自然和谐共生、实现经济社会可持续发展的先进生产力。新时代以来，我国经济从高速增长阶段转入高质量发展阶段，优化经济结构、强化经济稳定，促进生态再生、环境再造、资源再开发利用，加快形成绿色低碳的经济体系成为新时代中国特色社会主义建设的必然要求。保护生态环境就是保护生产力，改善生态环境就是发展生产力。大力发展绿色生产力，就是要着力构建绿水青山转化为金山银山的政策制度体系，推进生态产业化和产业生态化，重塑产业结构、能源结构以及生产生活方式等，培育绿色发展的新业态新模式，让绿色发展成为持续健康发展的有力支撑。

加快形成新质生产力为构建新发展格局提供重要依托。新发展格局着眼于宏观发展整体布局，实现"需求牵引供给、供给创造需求"的更高水平动态平衡。加快形成新质生产力要求建设现代化经济体系，包括产业体系、市场体系、收入分配体系等不同的体系是构成新发展格局宏观布局中的具体内容和实现国民经济循环畅通的具体路径。构建新发展格局必须以建设现代化经济体系为重要依托，而按照现代化经济体系建设起来的标准，需要从整体上进行把握。只有实现国民经济循环畅通，达到总供给与总需求的高水平动态平衡，加快形成新质生产力，建立现代化经济体系，才能构建新发展格局。

发展新质生产力为构建新发展格局拓展范围。新质生产力之"新"不仅在国内范围，更在国际范围。中国的发展需要一个开放的世界，世界的发展也需要中国的支持。形成新质生产力的最优生产要素汇合聚变是在国际范围内进行的。在全球一体化、信息网络化快速发展的条件下，不能关起门来搞创新。要坚持开放搞创新，积极融入全球创新网络，加强与创新国家的交流沟通，全面提高我国科技创新的国际合作水平。

新质生产力发展为构建新发展格局凝聚人民力量。新质生产力的共享性要求科技进步遵循普惠路径，发展为了人民、发展依靠人民、发展成果由人民共享，这是中国推进生产力发展社会主义现代化建设的根本目的。在社会主义条件下，共享不仅关乎分配，也关乎生产力发展。发展成果共享将最大程度地调动生产主体的积极性，推动生产力革新。我们要大幅增加公共科技供给，让人民享有更好的医疗卫生服务和更放心的食品药品，要发展低成本疾病防控和远程医疗技术，发展信息网络技术，努力实现优质文化教育资源均等化。共享的新质生产力必将促进全民共享更加全面，推动全体人民共同富裕取得更为明显的实质性进展。

36. 为什么加快形成新质生产力要提高国有企业核心竞争力？

企业核心竞争力，是指能使企业长期或持续拥有某种竞争优势的能力，是企业资源和能力的独特组合。党的二十大报告提出："深化国资国企改革，加快国有经济布局优化和结构调整，推动国有资本和国有企业做强做优做大，提升企业核心竞争力。"贯彻落实党的二十大精神，必须充分发挥国有经济主导作用和战略支撑作用，全面提升国有企业的核心竞争力，让国有企业在加快形成新质生产力中发挥更大作用，为全面建设社会主义现代化国家作出更大贡献。

国有企业核心竞争力是加快形成新质生产力的关键性力量。习近平总书记指出，"国有企业是中国特色社会主义的重要物质基础和政治基础，是党执政兴国的重要支柱和依靠力量"[①]。国有企业作为实现

---

① 习近平：《国家中长期经济社会发展战略若干重大问题》，《求是》2020年第21期。

关键核心技术突破、重大原创技术突破、成为产业链"链长"的关键性力量，是发展新质生产力的重要支撑。近些年来，国有企业发展的战略性、关键性外部环境的确正在经历转折性或"跳跃式"变化，对国有企业进行发展范式转型、突破以往低端"锁定"的"高端不足"的发展范式形成倒逼，国有企业提升新质生产力实现高质量发展成为响应环境倒逼的客观需要和开展适应性变革的战略抉择。

提升核心竞争力是国有企业在加快形成新质生产力中发挥示范作用的根本要求。习近平总书记强调："国有企业要做落实新发展理念的排头兵、做创新驱动发展的排头兵、做实施国家重大战略的排头兵。"[1]只有不断提升国有企业核心竞争力，才能在推进新质生产力发展中当好排头兵。发展新质生产力，加快建设世界一流企业是对国有企业提出的高质量发展的对标性要求。从宏观上看，中国大国崛起必然要求培育世界一流企业，加快建设品牌卓著、创新领先、治理现代的世界一流企业。从微观上看，发展新质生产力是新时代新征程中国企业发展的重点要求，而世界一流企业作为新质生产力发展的典型代表，是中国企业发展的基本方向和奋斗目标。从形成新质生产力的实践看，国有企业作为新质生产力发展的主要力量，必须不断提升国有经济竞争力、创新力、控制力、影响力、抗风险能力，只有这样，才能发挥引领带动作用。

提升核心竞争力是国有企业在加快形成新质生产力中发挥创新优

---

[1] 习近平:《在广西考察工作时强调 扎实推动经济社会持续健康发展 以优异成绩迎接党的十九大胜利召开》,《人民日报》2017年4月22日。

势的现实需要。提升科技创新引领能力，让发展优势更突出。通过提升新质生产力，企业能够加快技术进步和创新，推动经济增长的新动能和新增长点的形成。新质生产力通过数字化、智能化转型，提升效率、优化产业结构、推动可持续发展等，能够不断提升创新能力，实现经济的高质量发展，从而提升中国在国际竞争格局中的地位，提升国家竞争力。奋进新征程，国有企业必须担当使命任务，在更大范围、更深层次，下更大力气纵深推进企业改革，推动高质量发展。国有企业实现高质量发展的关键因素是核心竞争力。强化国有企业科技创新主体地位，大力实施原创性关键性技术研发攻关行动，打通从科技强到企业强、产业强、经济强的通道。国有企业是现代化建设的主力军，必须全面深入学习贯彻习近平总书记重要讲话精神和党中央决策部署，大力培育发展新质生产力，不断增强国有企业核心功能、提高国有企业核心竞争力，为现代化建设作出更大贡献。

37. 为什么加快形成新质生产力要引领民营经济健康发展？

民营经济是推动科技进步和产业转型升级的重要引擎。2023年8月，国家发展改革委等部门联合印发的《关于实施促进民营经济发展近期若干举措的通知》提出，支持民营企业参与重大科技攻关，牵头承担工业软件、云计算、人工智能、工业互联网、基因和细胞医疗、新型储能等领域的攻关任务。具体来看，加快形成新质生产力要引领民营经济健康发展需要在以下四个方面努力。

第一,民营经济是经济发展的重要引擎。民营企业具有勇于探索、敢于冒险的创新精神。加快形成新质生产力需要这种创新精神。面对创新的高度不确定性,一大批民营企业家基于对市场前景的分析力、判断力以及自身的冒险精神,勇于打破约束条件,创造出新产品,开辟出新市场,甚至开发出新的资源和新的业态。民营企业敢为人先、敢于创新、善于创新,培育了新成果、新业态、新模式,以较强的创新能力和较高的创新效率,为推动高质量发展作出了重要贡献。经过长期的深耕细作,很多民营企业在相关领域已经拥有一定的技术积累和创新基础,这有利于加快重大科技攻关的进程。据统计,民营科技占全国高新技术企业数量的50%左右,全国65%左右的发明专利、70%左右的技术创新和80%以上的新产品都来自民营企业[1],在智能制造、大数据、物流仓储、生物健康等领域,民营企业已经牢牢占据领跑地位。更为重要的是,电子商务、移动支付、共享单车等新经济新业态均由民营企业首创,成为提升经济发展活力、实现产业转型升级的重要引擎。

第二,民营企业是战略性新兴产业的主力军。2023年8月,工业和信息化部联合科技部、国家能源局等部门制定实施方案,提出聚焦新一代信息技术、新能源、新材料等八大新兴产业。在这八大领域,民营企业与高校、科研院所合作,协同推进技术和商业模式双轮驱动创新,促进产业链与创新链深度融合,形成良好的产学研合作局面,

---

[1] 王大树、塔娜:《民营经济与新质生产力》,中国社会科学网2023年10月13日(https://www.cssn.cn/glx/202310/t20231013_5690302.shtml)。

大幅度提升了科研成果产业化应用的效率。近年来,民营经济奋发图强,已成为科技进步的重要推动力量,涌现出大量"专精特新"的创新创业型企业。在新一代信息技术、新材料、生物医药、人工智能等战略性新兴产业领域,民营企业开始进入技术前沿并加速突破,已经孕育出一批高成长的新兴企业。

第三,民营经济可以在发展未来产业中发挥重大作用。民营企业的特点是组织结构扁平、信息反馈敏捷,在复杂多变的市场环境中,依托对信息的敏感和灵活高效的管理模式。民营企业能够敏锐地捕捉机会,根据市场变化快速调整产业结构、产品结构和要素结构。在科技创新和产业升级背景下,民营企业可以瞄准发展机遇,优化包括创新链、产业链、资金链、人才链在内的产业生态圈,加快融入未来产业体系,为自身转型升级注入新动能,进而成为引领未来经济发展的新引擎。发展新质生产力,是贯彻落实新发展理念的重要实践,也是我国经济实现高质量发展的主要途径,为我国民营经济发展带来新的机遇。民营企业在发展新质生产力中大有可为,也会大有作为。

第四,发展新质生产力必须充分调动民间投资积极性。着力稳定和扩大民间投资,落实和完善支持政策,实施政府和社会资本合作新机制,鼓励民间资本参与重大项目建设。大力发展战略性新兴产业和未来产业,需要大量的资金投入,除了国有资本的投入之外,更需要民间资本的积极参与特别是天使基金和风险投资基金的大量投入。

从发展大势看，我国经济韧性强、潜力足、回旋余地大的基本特征没有改变，发展基础坚实雄厚，持续发展具有多方面有利条件。民营企业家要自觉增强机遇意识、风险意识、忧患意识和挑战意识，敢干敢闯敢投，专注创新发展。

全面落实促进民营经济发展壮大的意见及配套举措，进一步解决市场准入、要素获取、公平执法、权益保护等方面存在的突出问题，让民间投资在发展新质生产力中充分发挥作用。总之，只要有吸引人才的自由创造的环境，有强大繁荣的资本市场，有能够激发市场力量的市场化机制，有广大民营企业家的积极参与，就一定能够推动新质生产力的蓬勃发展。

38. 为什么加快形成新质生产力要打造一批产业集群？

2023年7月7日，习近平总书记在江苏考察时强调，要把坚守实体经济、构建现代化产业体系作为强省之要，巩固传统产业领先地位，加快打造具有国际竞争力的战略性新兴产业集群[①]。新质生产力的载体是现代产业，加快形成新质生产力必须打造一批产业集群，将自主可控关键核心技术应用到产业链中，促进高质量发展。

打造产业集群是加快形成新质生产力的客观要求。以数字化、信息化、智能化、绿色化和融合化为特征的现代化产业体系，将推进传

---

① 《习近平在江苏考察时强调 在推进中国式现代化中走在前做示范 谱写"强富美高"新江苏现代化建设新篇章》，《新华日报》2023年7月8日。

统的劳动者、劳动资料和劳动对象及其组合方式实现跃升并成为构成新质生产力的新型生产要素。新型生产要素及其优化组合反过来又会催生大量新产业、新模式，引领现代化产业体系建设。战略性新兴产业和未来产业集群是培育壮大新增长点、加快新旧动能转换、引领新质生产力发展的重要动力，代表着科技和产业的发展方向，是科技含量高、绿色发展足、产业关联强、市场空间大的产业群，也是创新技术与多领域深度融合的产业，这些都是新质生产力的重要特征。加快培育产业集群将为新质生产力发展壮大提供广阔空间。

打造产业集群能够巩固传统产业的领先地位，进而为加快形成新质生产力提供重要支撑。新质生产力的"新"在于技术革命性突破、生产要素创新性配置、产业深度转型升级，核心是全要素生产率的提升，而传统产业正成为提升全要素生产率的重要依托。随着新一轮科技革命和产业变革深入发展，数字技术加快向传统产业各领域全过程渗透、融入和应用，推动制造流程从自动化走向智能化，使传统产业的劳动生产率和产品附加值有了飞跃式进步。传统产业也越来越多地应用新技术、新工艺、新材料、新设备创造出大量高质量、高性能、低消耗的新产品，技术含量和绿色含量明显提高。同时，传统产业转型升级也为新兴产业发展提供了必要支撑。

大力推进现代化产业集群建设是加快形成新质生产力的动力源泉。培育新兴产业集群要更好利用国内大市场和丰富的应用场景优势，推动新一代信息技术等战略性新兴产业健康有序发展。实施产业创新工程，要求完善产业生态，拓展应用场景，促进战略性新兴产业融合集群发展。为此，要强化企业科技创新主体地位，培育壮大国家高新技术企业，形成一批专注于战略性新兴产业集群的骨干企业、创新领军企业、未来新兴企业。要不断拓展新兴产业的广度和深度，以新兴产业和未来产业带动传统产业改造升级。要发展壮大新兴产业集群，对标国际领先水平，打造一批具有国际先进水平的战略性新兴产业集群。总之，推动产业跨界融合，打造具有核心竞争力的优势产业集群，加快构建高质量现代化产业体系，整体提升国家科技水平和产业能级，在现代化产业体系构建过程中形成新质生产力。

39. 为什么加快形成新质生产力要做大做强实体经济？

新质生产力引领实体经济发展，加快形成新质生产力是实体经济创新发展的具体指向。

做大做强实体经济是加快新质生产力发展的依托。从理论上看，只有实体经济做大做强，才能为生产力理论发展提供基础和前提。从实体经济的现状看，经济发展目标从追赶向领先转变，发展方式从成本导向向品质、效率与安全统筹发展转变，创新方式从模仿学习向自主创新转变。在科技研发的基础上，将科技成果向经济成效转变，实现从技术研发向产业创新转变，推动了新能源汽车、智能化驾驶、无人机等一大批新兴产业领域快速发展。新质生产力是在传统经济向新经济发展中形成的，是在实体经济发展的基础上提出来的。

做大做强实体经济是加快形成新质生产力的现实需要。新质生产力的一个重要规律是以生产力发展激发与引导需求升级。遵循这一基本规律，实体经济发展必须通过产品创新、服务创新、消费场景创新、消费模式创新、消费方式创新等一系列产业创新方式，激发与引导需求升级。通过产业间投入产出关联、产业生态联系等多种方式，发挥示范带动作用，将新质生产力的发展效果，从人工智能、新能源、新材料、现代制造业、电子信息等战略性新兴产业与未来产业迅速扩散到一般加工、机械制造、能源化工等传统产业，推动传统产业向创新、高效、绿色等方向转型升级。

40. 为什么加快形成新质生产力要把企业作为科技成果转化核心载体？

2023年9月，习近平总书记在黑龙江考察时提出"把企业作为科技成果转化核心载体"，这一重要论述为新时代新征程上的科技创新工作以及中国式现代化建设提供了重要的方法论指导。

企业是科技成果转化的重要枢纽和重要载体。将科技成果转化到企业是科技创新成果转为新质生产力的关键，是科技成果与产业需求对接的"关口"。抓好科技成果转化这一关键环节，有助于强化新兴产业和未来产业发展的科技支撑，加快形成新质生产力，全面提升国家综合实力和国家安全能力。在科技成果转化过程中，企业是科技成果转化的直接承接者和主导者，高校和科研院所是科技创新成果的供给者，政府是科技成果转化的协调者和支撑者。企业具有整合各类科技创新要素的优势，能够将高校和科研院所的科技创新成果市场化、产业化，成为贯通科学技术与市场需求的重要枢纽和重要载体。

企业能够发挥创新优势，激发科技成果转化为内生动力，促进新质生产力发展。企业主导科技创新与成果转化，既是企业维持自身生存和发展的现实选择，也是企业自身优势发挥的必然结果。科技创新成果往往具有前沿性、先进性、风险性等特征，这些特征决定了科技成果转化的复杂性。企业拥有技术、创新、市场、资源、人才优势，能够推动技术含量高的科技创新成果从实验室走向市场，开发新技术、新工艺、新材料和新产品，不断塑造企业自身的核心竞争力，形成推动科技成果转化的内在动力，从而推动加快形成新质生产力。

企业能够敏锐感知市场，引导科技创新方向，提升新质生产力发展效能。科技成果转化的过程，是一个科技供给与市场需求对接的过程。企业以需求为导向、以市场为依归，能够敏锐感知市场需求的变化，把握市场真实需求及发展趋势。企业在与高校和科研院所开展科技创新合作过程中，担任着市场引领者的角色，能够引导高校和科研院所的科技创新方向，加速科技创新成果的有效转化和价值变现。

企业能够协调多方需求，凝聚科技成果转化合力，加速新质生产力发展。科技成果转化过程具有高度复杂性，涉及政府、企业、高校和科研院所等多元主体。高校和科研院所的科学发现和技术发明,需要转移到企业进行成果转化,才能实现科技成果的价值。企业在科技成果转化全链条中,具有统筹多元主体和要素资源的优势,能够协调多元主体之间的关系,形成推动科技成果转化合力,提升新质生产力发展速度。

加快形成新质生产力必须发挥企业核心载体作用,以提高科技成果转化率。要完善以企业为主体的产学研协同创新机制,突破科技成果转化的体制机制障碍,以企业为主导促进处理好产学研关系,强化企业推动科技成果转化的人才支撑,优化企业推动科技成果转化的创新生态。要完善科技成果转化的配套支持政策,为企业推动科技成果转化提供政策和环境支撑。构建以成果转化为导向的企业科技创新能力评价体系,发挥科技创新成果评价"指挥棒"的作用,将科技成果转化绩效作为企业科技创新能力评估的重要指标。

41. 为什么加快形成新质生产力要提高科技成果落地转化率?

习近平总书记强调:"科技创新绝不仅仅是实验室里的研究,而是必须将科技创新成果转化为推动经济社会发展的现实动力。"[①]科技成果转化是实现创新价值、提升人民福祉的重要一环。科技创新是一个具有价值负载性和导向性的创造性活动。新质生产力是科技创新在其中发挥主导作用的先进生产力。

[①] 习近平:《关于科技创新论述摘编》,中央文献出版社2016年版,第57页。

新质生产力是科技创新发挥主导作用的生产力,科技成果转化落地率影响科技创新的效能,进而影响新质生产力的发展。当前,全球经济增长的动力显著减弱,投资和消费的热情降低,失业率上升,物价上涨,社会总需求萎缩。在这一时期,科技创新变得尤为重要。每一次重大的科技革命都成功地引领全球经济走出衰退。18世纪末的工业革命,使得人类生产力得到极大提升,推动了经济的飞速发展。20世纪中叶的信息技术革命,更是开创了全球经济的新纪元。如今,以人工智能、大数据、云计算、生物技术等为代表的科技创新正驱动着第四次工业革命,为经济发展注入持久动力,优化产业结构,促进经济转型升级,引领全球经济走出当前困境,科技创新发挥主导作用的新质生产力应运而生。

科技成果转化率对于提升生产力水平有重大影响,高效能、高质量是新质生产力的天然属性。与传统生产模式资源大量投入、能源高度消耗、投入产出效率低不同,新质生产力促使高新技术替代传统技术,优化资源能源组合,促使生产过程更加高效、精准、可控,提高投入产出比。数字化、智能化、绿色化等技术驱动传统产业深刻变革和新兴产业崛起,推动经济高质量发展。加快发展新质生产力时不我待,面对新一轮科技革命和产业变革,在努力攻克技术难题、全面提升自主创新能力的同时,需要推动创新链产业链资金链人才链深度融合,把高质量的创新成果转化为新质生产力。科技成果转化的过程,实际上就是科创资源供给与市场需求相适配的过程。要切实聚焦产业发展需求，产学研一体化，从源头精准布局创新链。加快形成新质生产力亟须发挥科技创新增量器作用，建设现代化产业体系。

提升科技成果转化落地率是高水平科技自立自强和国际科技创新中心建设的必然选择，也是加快形成新质生产力的迫切要求。形成新质生产力意味着科技创新投入持续扩大，基础研究和应用研究不断深入，科技创新成果层出不穷，科技创新水平持续提升，战略性新兴产业和未来产业得以快速发展，有助于抢占产业竞争优势、赢得发展主动权。全球城市竞争特别是科技创新中心城市的竞争就在于新质生产力的形成和供给。新质生产力是城市发展的重要驱动力，也是城市竞争力的重要体现，推动了经济发展在方式、动力、领域、质量等方面的变革。在新一轮科技革命和产业变革的背景下，新质生产力通过整合科技创新资源和激发创新活力，推动产学研用深度融合，促进科技成果的转化和应用，塑造新的经济增长极，为城市竞争力提升奠定了坚实基础。

推动更多科技成果从科研院所走向企业、从实验室跃上生产线，是发展新质生产力的必由之路。近年来，我国不断加大创新要素的供给力度，聚焦重点产业强化先进适用技术攻关，以科技创新引领实现高水平科技自立自强，统筹推进传统产业升级、新兴产业壮大、未来产业培育，不断塑造发展新动能新优势。一是优化技术创新的组织方式。技术创新的组织方式，是影响科技成果转化的重要因素。不断优化科研组织架构,形成适应技术创新需求的组织方式,有助于提高科技成果落地转化率。二是构建产学研用协同机制。通过不同创新主体的科学分工优化科技创新过程,最有效的路径是构建产学研用协同机制,强化协同创新。三是营造宽松的创新环境。各级政府应积极主动为企业、科研机构和高校服务,努力打造充满活力的创新生态。要采取有力措施推动产学研用各方的信息交流与沟通,形成互动的合作网络,协助各方建立长期稳定的合作关系。科技管理部门要努力推动本区域内知识和资源集成、转移及分享,通过线上线下技术交流等形式,使更多科技成果在本地转化,提高区域经济发展质量。

42. 为什么加快形成新质生产力要坚持绿色发展,建立健全绿色低碳循环发展经济体系?

习近平总书记指出:"绿色发展是高质量发展的底色,新质生产力本身就是绿色生产力。"①我们要深刻理解这一重大论断的理论和实践意义,全面认识发展新质生产力对于促进经济社会发展全面绿色转型的重要作用,准确把握促进经济社会发展全面绿色转型的重点任务,以钉钉子精神把党中央、国务院关于绿色发展的决策部署落到实处。

---

① 习近平:《在中共中央政治局第十一次集体学习时强调 加快发展新质生产力 扎实推进高质量发展》,《人民日报》2024年2月2日。

新质生产力学习问答

　　坚持绿色发展,建立健全绿色低碳循环发展经济体系是加快形成新质生产力的本质要求。党的十八大以来,我国绿色低碳发展成为新时代党治国理政新实践的重要标志性成果。以绿色为亮丽底色的高质量发展成效显著。产业优化升级积极推进,环境质量持续改善,以绿色为鲜明特征的新质生产力加速发展。习近平总书记作出"新质生产力本身就是绿色生产力"重大论断,是我们党对马克思主义生产力理论和生态观的又一重大理论创新,也是习近平经济思想和习近平生态文明思想的丰富和发展,为经济社会发展全面绿色转型提供了思想指引和根本遵循。这一重大论断表明,绿色是新质生产力自身的鲜明特征,绿色是发展新质生产力的根本导向。

　　发展新质生产力对于坚持绿色发展,建立健全绿色低碳循环发展经济体系具有重要作用。加快发展新质生产力,对于促进经济社会发展全面绿色转型,推动产业结构优化升级具有重要意义。当前,我国调结构、转方式、促增长的任务十分艰巨繁重。要抓住新一轮科技革命和产业变革机遇,及时将科技创新成果应用到具体产业和产业链上,打造高效生态绿色产业集群,提升传统产业,不断塑造竞争新优势,提高绿色低碳产业在经济总量中的比重。要坚持绿色发展,建立健全绿色低碳循环发展经济体系是加快能源绿色低碳转型的重要抓手。要加快能源领域科技创新,以更大力度发展非化石能源,加强化石能源深度脱碳技术的研发应用,构建清洁低碳安全高效的能源体系,提高能源自给率,不断增强能源供应的稳定性、安全性、可持续性。要坚持精准治污、科学治污、依法治污，大力实施节能减排，全面加强资源节约集约循环利用，拓展生态产品价值实现路径，推动减污降碳协同增效，加快形成绿色生产方式和生活方式，推动生态环境质量改善实现由量变到质变。

坚持绿色发展，建立健全绿色低碳循环发展经济体系是促进新质生产力发展的重点任务。2024年2月19日，中央全面深化改革委员会第四次会议审议通过了《关于促进经济社会发展全面绿色转型的意见》。当前及今后要推动经济社会发展全面绿色转型，必须坚持以习近平新时代中国特色社会主义思想为指导，坚持全面转型、协同转型、创新转型、安全转型，以"双碳"工作为引领，协同推进降碳、减污、扩绿、增长，把绿色发展理念贯穿于经济社会发展全过程和各方面，认真落实各项目标任务。一是推动重点领域绿色转型。将重点领域作为推动绿色转型的关键着力点，破解关键难题，加快形成节约资源和保护环境的空间格局、产业结构、生产方式、生活方式。二是着眼经济社会发展全过程全链条，抓好重点环节推动绿色转型。三是强化落实保障措施。推动发展方式绿色转型，涉及经济社会发展全局，既要有系统谋划部署，也要有强有力的推进落实机制。要加强党的集中统一领导，坚持党政同责，压实各地区、各有关部门和单位主体责任，将党中央各项决策部署扎扎实实落到实处。

43. 如何培育发展新质生产力的新动能？

习近平总书记在看望参加全国政协十四届二次会议的民革、科技界、环境资源界委员时指出,"加强基础研究和应用基础研究,打好关键核心技术攻坚战,培育发展新质生产力的新动能"①。习近平总书记的重要论述进一步指明了发展新质生产力必须坚持创新在我国现代化建设全局中的核心地位,推进以科技创新为核心的全面创新,培育发展新质生产力的新动能。

强化基础研究和应用基础研究。基础研究是整个科学体系的源头,是所有技术问题的总机关。基础研究成果将极大地改变人们的理念和人类对世界的认知方式。历史上科技革命都是建立在基础研究的突破之上,重大颠覆性研究成果引起产业革命,对人类社会的发展产生巨大影响。强化基础研究前瞻性布局,要善于提出好问题,找准新问题。针对国计民生中的重大科学问题,开展基础性研究,提供新技术和解决方案。要强化系统布局,把握国家战略需求,注重把握先机,加强基础研究重大项目论证和遴选评估。

注重发挥国家实验室引领作用。习近平总书记强调:"要协同构建中国特色国家实验室体系,布局建设基础学科研究中心,超前部署新型科研信息化基础平台,形成强大的基础研究骨干网络。"②在国家重点实验室层面,探索建立作为独立责任主体申请和承担国家科技任务的制度机制,对孕育重大原始创新实施支持的办法,加大推动学科

---

① 习近平:《在看望参加政协会议的民革科技界环境资源界委员时强调 积极建言资政广泛凝聚共识 助力中国式现代化建设》,《人民日报》2024年3月7日。
② 习近平:《在中共中央政治局第三次集体学习时强调 切实加强基础研究 夯实科技自立自强根基》,《人民日报》2023年2月23日。

发展实施对国家重点实验室的支持力度。

打好关键核心技术攻坚战。基础研究和前沿技术相辅相成,真正的前沿技术也属基础研究范畴,如药物靶标的发现、新型疫苗研究、分子网络育种、干细胞与再生医学、癌症的免疫治疗等。这就要求我们将基础理论创新与技术创新有机结合起来,使基础研究同应用研究相互促进、良性互动。要推进跨学科融合发展,支持重点学科发展,鼓励提升国产化替代水平和实际应用规模水平。要针对国家战略科技力量、战略博弈必争领域强化精准政策支持,推动有为政府和有效市场更好结合,让各类先进优质生产要素向发展新质生产力顺畅流动。

促进高水平科技创新成果供给。坚持面向世界科技前沿推进新科技创新成果转化,面向经济主战场推进科技成果融入产业集群,面向国家重大需求和面向人民生命健康促进高水平科技成果供给,全面提升自主创新能力,推动关键共性技术和颠覆性技术创新实现新突破。强化战略导向和目标引导集合精锐力量,强化对重点战略性科学问题的攻关突破,力争实现我国整体科技水平有较大幅度的提升。

44. 如何围绕发展新质生产力布局产业链?

产业是生产力的重要载体,产业链是发展新质生产力的重点,构建新发展格局、加快发展新质生产力,需要科学布局以现代化产业链打造特色新兴产业集群,为构建现代化产业体系打下坚实基础。

明确重点方向,推动我国短板产业补链。围绕新质生产力布局产业链固强补弱是重点。要梳理分析集成电路、核心软件、高端数控机床等高技术产业链中的弱项,尤其是在我国这些起步晚、积累弱、高技术融入不够、问题多发领域的产业,更需要强化技术要素整体提升。要以提升弱项产业链关键环节为重点,突出系统集成能力,整合产学研用资源,运用政策优势,集中力量强化关键核心技术攻关,补齐产业链中要害处的短板,尽快缩小我国与国际先进产业链水平的差距,变产业链发展中的短板为弯道超车的长板。

抓住有利时机,推动我国传统产业升链。围绕新质生产力布局产链必须有计划推进传统产品迭代升级,发展传统产业链,实现效益整体提升。要用好数字化、智能化技术改进传统产业,努力推进传统产业链向价值链中高端迈进。

坚持优中更优,推动优势产业延链。我国优势产业分布范围广,有高铁、电力装备等产业,这些产业具有较强的国际竞争力,有些甚至居于世界领先地位。围绕新质生产力布局优势产业链,就是要抓住优势企业和关键环节加大人力物力投入,以此带动上下游产业链协同研发、融合、科学发展,不断以优势产业链打造全产业链的竞争优势。

着眼创新发展,推动新兴产业建链。发展新质生产力,关键在以科技创新推动产业创新,从而真正转化为生产力。只有让科技创新与产业创新相互促进,使产业链与创新链同频共振,才能实现以新技术培育新产业，赋能传统产业，引领产业转型升级，进而实现生产力的跃迁。围绕新质生产力布局通用人工智能、6G、元宇宙等新兴产业，打造未来产业先导区，是完善产业链的重要举措。新兴产业链是未来科技产业链发展的新方向，技术含量高、市场潜力大。只有超前布局新兴产业、未来产业，力争在若干领域实现并跑、领跑，新质生产力才能加快发展培育，中国的经济巨轮才能行稳致远。

围绕发展新质生产力布局产业链，当务之急是提升产业链供应链韧性和安全水平。补短板、拉长板，提升全产业链竞争优势。加快建设国家制造业创新中心，打造一批中试和应用验证平台，加速科技成果产业化落地。

45. 新质生产力的四个发展趋向是什么？

新质生产力概念的提出，深入揭示了科学力量全面融入社会生产力的世界大势和历史潮流。随着数字化绿色化转型提速，战略性新兴产业和未来产业加快发展，新质生产力的产业载体不断壮大。新发展阶段，我国科技综合实力显著提升，战略性新兴产业快速发展，未来产业新赛道不断涌现，带动生产力发展规模和水平由量变到质变，实现能级跃升，新质生产力成为引领中国经济高质量发展的新引擎。

一是能源转型和基础设施更新加快。能源结构转变和基础设施升级换代是解放生产力的先决条件之一，也是工业革命的前提。从煤炭到石油再到多元化清洁化能源供给，从"铁公机"、电报电话、互联网宽带到5G基站、特高压、城际高速铁路和城市轨道交通、新能源汽车充电桩、大数据中心、人工智能等，都体现了这一点。能源转型和基础设施更新是新一轮产业变革的必然结果。近年来，我国的新能源、新一代信息技术、人工智能等行业作为战略性新兴产业和未来产业的重要组成部分，是产业国际竞争新优势，为推动新质生产力的绿色发展、智能升级、融合创新筑牢了基础。

二是科技创新日益活跃。科技创新是新质生产力培育发展的本质特征和最强动力。随着经济持续快速增长，我国科技综合实力显著增强，不少领域加快追赶发达国家，处于与世界领先国家同步并跑、比肩竞争的水平，相继在5G、人工智能、量子通信、储能技术等领域取得了一系列标志性、世界领先的科技创新成果。科技型新质生产力的形成得益于大力度、连续性的研发投入。同时，研发投入强度持续加大。从研发支出结构来看，科技投入继续向基础研究倾斜。创新主体不断优化，企业对研发经费增长的贡献高，推动国家创新体系逐步完善。重点领域研发经费投入强度稳步提高，为突破制约新质生产力发展的关键核心技术、核心零部件和先进材料提供了有力支撑。

三是产业载体不断发展壮大。习近平总书记指出："整合科技创新资源，引领发展战略性新兴产业和未来产业，加快形成新质生产力。"[1]从要素结构和技术路线来看，战略性新兴产业和未来产业都以重大技术突破和重大发展需求为基础，具有知识技术密集度高、物质资源消耗少、成长潜力大的突出特点。在国家战略规划、各级政府扶持以及各类资本的协同推动下，我国战略性新兴产业逐步转向成熟发展阶段，对经济社会全局和长远发展的引领带动作用日益凸显。与战略性新兴产业相比，未来产业与前沿科技创新互动更为紧密，因而更具前瞻性，也是各国面向新一轮科技革命和产业变革重点培育扶持的先导性产业群。《中华人民共和国国民经济和社会发展第十四个五年规划和2035年远景目标纲要》明确提出，要在类脑智能、量子信息、基因技术、未来网络、深海空天开发、氢能与储能等前沿科技和产业变革领域，谋划布局一批未来产业。随着数字化、绿色化的产业成长主线日趋清晰，在更大范围和力度上改变了传统生产方式和生产力要素构成，与战略性新兴产业共同发挥着推进新质生产力形成、引领中国经济高质量发展的动力源作用。

四是创新集聚效应增强，产业国际竞争升级。近年来，少数掌握前沿科技创新和未来产业发展的发达国家和地区采取保护主义。为抢占科技创新和产业竞争制高点，发达国家对科技创新投入巨大，对新兴领域投资并购实行严格管控，试图将高附加值、最前沿的创新活动控制在本土。在"内向化"战略导向下，"技术民族主义""资源民族主义"与贸易保护主义、单边主义如影相随，造成产业链不同程度

---

[1] 习近平：《在黑龙江考察时强调 牢牢把握在国家发展大局中的战略定位 奋力开创黑龙江高质量发展新局面》，《人民日报》2023年9月9日。

受损甚至断裂。持续升级的大国博弈和不断深化的利益"脱钩"放大了我国在核心技术、关键零部件、基本算法、先进材料等环节被"卡脖子"的风险，暴露出科技原创力、产业链主导力、国际规则塑造力等方面的问题。

总体来看，我国培育新质生产力仍面临基础研发投入不足，科技成果转化机制不健全、产业基础能力不扎实，人才质量和结构不匹配、全球资源整合能力不强等问题。新质生产力培育对研发体系、人才梯队等高端要素有较高要求，新质生产力与科创活动同样表现出集聚式发展的空间结构和布局特征。培育新质生产力要在创新中找答案，彻底破除阻碍新质生产力形成的体制机制障碍，深度挖掘我国工业体系积淀的应用场景，使之转化为新质生产力的生产资料和劳动对象，持续赋能高质量发展和全面振兴。

46. 加快发展新质生产力如何赋能现代化产业体系？

2023年5月，习近平总书记在二十届中央财经委员会第一次会议上强调，高效集聚全球创新要素，推进产业智能化、绿色化、融合化①。新质生产力是引领构建现代化产业体系最具活力的革命性力量。而构建现代化产业体系的根本目的和实践要求是加快培育和发展新质生产力，不断提升产业创新与升级能力，塑造产业竞争新优

---

① 习近平：《主持召开二十届中央财经委员会第一次会议强调 加快建设以实体经济为支撑的现代化产业体系 以人口高质量发展支撑中国式现代化》，《人民日报》2023年5月6日。

势。新质生产力赋能现代化产业体系重点体现在以下六个方面。

第一,新质生产力以系统整体发展优势赋能产业体系配套完整化。新质生产力既有已经成为战略性新兴产业生长出的新技术,也有未来产业萌发的新芽,集中彰显了经济发展的新动能新优势。加快形成新质生产力能够推动战略性新兴产业的发展,催生未来产业,以科技创新赋能传统产业,推动实体产业和虚拟产业融合发展,优势产业与特色产业同时发展,丰富产业多样性,弥补产业空缺,在多领域共同发力,构建完整的现代化产业体系,形成产业内部的良好循环和产业间的互补效果,实现价值链由低端向中高端水平跃进。

第二,新质生产力以结构优质优化赋能产业体系安全规范化。打造安全可靠、自主可控的产业体系,是一个国家产业安全和经济安全的基础保障,当面临不利冲击时,产业链只有具备足够的韧性才能释放出抵抗各种冲击的能力。当前,面对国际环境复杂多变、大国博弈加剧、"脱钩断链"和"筑墙设垒"等现实挑战,急需建设现代化产业体系,要求攻坚克难,攻克卡脖子技术,调整产业链布局与分工,着力提升产业体系的安全性,守住产业链和供应链安全的底线。新质生产力演变成为众多行业关键底层投入部门的需求,以新质生产力补齐产业链缺口、短板和弱项,以高素质劳动力为产业体系建设提供智力服务,以新材质弥补弱势产业上下游的完整性,实现对产业体系中关键环节的自主把控与掌握,在重要领域与关键环节形成全球领先优势,以新质生产力优化产业结构,以应对发达国家在高技术产业和新兴产业形成的领先优势。新质生产力把产业安全作为行稳致远的保障，提高关键环节自主可控能力，建立国际竞争优势，推动国内外产业畅通循环协作，在更多领域实现并跑乃至领跑发展。

第三，新质生产力以高科技赋能产业体系创新化。科技创新是现代化产业体系建设的重要驱动因素，要通过创新提升现代化产业的全要素生产率。创新带来的技术颠覆性更是具有强烈的产业关联带动效果，进而促进现代化产业体系建设。新质生产力涉及领域新、技术含量高，其形成过程也是新兴产业和未来产业兴起以及传统产业优化的过程。新质生产力重视科技创新的赋能效果，强调创新是生产力和发展的动力引擎，以高效益的创新发展模式替代传统发展模式。在实现新质生产力时，强调劳动者的素质培养，依靠创新型人才和质量效果实现产业的升级与跃升，进而实现现代化产业体系建设和经济高质量发展。

第四，新质生产力以信息化数字化赋能产业体系智能化。习近平总书记指出："数字技术正以新理念、新业态、新模式全面融入人类经济、政治、文化、社会、生态文明建设各领域和全过程，给人类生产生活带来广泛而深刻的影响。"[①]正是以大数据、云计算、区块链、人工智能为代表的技术创新与应用，带来了不同于以往生产力系统的新质态发展，实现了对人类经济社会交往方式的重构。智能化是现代化产业体系提升国际竞争力的重要推动力。大数据、人工智能、云

---

① 习近平：《向2021年世界互联网大会乌镇峰会致贺信》，《人民日报》2021年9月27日。

计算等智能化技术的不断发展，改变了传统产业的组织结构和运营方式，催生了更多的高质量、高效率新兴产业。数字经济时代，新质生产力能够以智能化活动推动数字经济得到跃升式发展，推动产业数实融合发展，提升产业数字化水平、降低运营成本、提升应对市场冲击的反应速度、减少碳排放、增强国际竞争力，进而增强现代化产业体系建设。新质生产力通过智能化手段优化新型生产要素、探索高效率发展路径，形成高水平产业结构体系，孕育新的产业赛道和发展动能，通过产业数字化和数字产业化，促进数实融合，抢占全球新一轮产业发展制高点。

第五，新质生产力以节能低碳赋能产业体系绿色化。绿色化是现代化产业体系的时代要求。现代化产业体系要求生产方式绿色化，抓住绿色技术、调整能源结构和投入要素，加强绿色基建建设，降低高耗能产业比重，让产业结构绿起来。新质生产力是在全球绿色转型的时代背景下发展起来的，恰好具有绿色低碳的特征，倡导推广绿色创新、推广绿色设计、增加绿色投入、研发绿色产品，实现低碳转型，在构建绿色低碳的现代化产业体系中发挥中坚力量。与此同时，利用新质生产力在产业源头、投入过程和产品转换等环节注重科技创新和资源循环利用，这本质上就是一种绿色低碳的发展路径，有助于构建绿色的现代化产业体系。

第六，新质生产力以跨界联合赋能产业体系融合一体化。融合化是现代产业体系的重要体现。加快推进新质生产力是现代化产业体系融合发展的重要动力，新质生产力不仅能够推动数字化、绿色化、创新化融于传统产业以释放传统产业的能量，形成产业新业态和新模式，提升产业生产效率，还能加速产业间融合，催生新兴产业和未来产业，这有助于我国现代化产业体系开辟新领域和新赛道，重塑现代化产业体系建设的新动能、新优势。新发展格局下，新质生产力成为产业体系融合发展的重要抓手，与新质生产力伴随而生的新兴产业与传统产业的融合能激发产业活力、创新产业链形态、优化产业体系，助推现代化产业体系建设。

47. 战略新兴产业和未来产业具有哪些特征？

习近平总书记在主持召开新时代推动东北全面振兴座谈会时强调："积极培育新能源、新材料、先进制造、电子信息等战略性新兴产业，积极培育未来产业，加快形成新质生产力，增强发展新动能。"[①] 战略性新兴产业既代表科技创新的方向，也代表产业发展的方向，是培育新质生产力的重要阵地。未来产业则是仍处于科技创新和产业创新的试错阶段，应用场景和商业模式尚不明确，具有很强的前瞻性和不确定性。两者的主要区别就在于科技创新与产业创新的程度与水平，战略性新兴产业的产业化程度更高，技术更加成熟，而未来产业则处于产业孵化期，技术更加前沿。因此，战略性新兴产业是未

[①] 习近平：《主持召开新时代推动东北全面振兴座谈会强调 牢牢把握东北的重要使命 奋力谱写东北全面振兴新篇章》，《人民日报》2023年9月10日。

来产业发展的必然结果,未来产业则是战略性新兴产业的必经阶段。战略性新兴产业和未来产业具有以下重要特征。

科技创新的前沿性。 与传统产业不同,战略性新兴产业和未来产业通过前沿技术的支撑发展会从根本上对现有的成熟技术产生颠覆式的影响。随着商业化和产业化的持续深入,前沿性的技术将极大地改变现有的生产方式,不断提高生产效率,不同的前沿性科技在发展过程中会根据市场和产业发展的需求进行跨界融合,以更好的方式解决现实中存在的问题,满足人类更加多样化的需求。

持续高效的成长性。 战略性新兴产业和未来产业会从根本上颠覆当前的生产和消费模式,通过新技术新模式能够用更高的效率提供性能更强且体验更佳的产品与服务,从而促进国计民生的一些重要领域不断改进提升,更好地满足人类未来的根本性需求。随着新产品、新服务、新业态的出现特别是高技术的更新,必然会创造出潜力巨大且成长性高的市场需求。尤其是新兴产业知识与技术密集型的特点,意味着其能够产生更高的附加值,伴随着经济社会的不断发展,这一特点将使新兴产业具有很高的成长性。

强力向外的拓展性。 战略性新兴产业和未来产业的创新成果往往来源于关键性基础研究领域,具有很强的通用性和成长性。随着关键前沿性技术不断取得突破性进展,以及相关应用研究和开发技术的持续推进,新兴产业将形成一个复杂的创新生态和产品系统。伴随着产业和科技的深度融合,产业链同时从横向和纵向进行延伸,进而

形成一个复杂的产业网络,战略性新兴产业和未来产业将利用自身在创新生态中的核心地位,带动产业网络中的其他主体实现联动发展。新兴产业通过产业内外部的技术外溢,客观上形成了一种以前沿技术作为支撑的产业公司,提供了强大的发展外部性。

着眼长远的战略性。提升国家竞争实力、占领技术和产业制高点,需要战略性新兴产业和未来产业来承担,使命责任重大。高科技进步的多样性和先发优势的存在,以产业化的形式在国际竞争中占得先机,意味着新兴产业的发展能够助力关键技术的突破和相关标准的制定,赢得发展主动,增强竞争优势。战略性新兴产业和未来产业的战略价值体现在他们将从根本上改变未来各国的产业地位,重塑国际分工格局以及增强国家话语权。

勇于挑战的风险性。无论是战略性新兴产业还是未来产业,成为主导产业和支柱产业之前,需要经历产业生命周期的培育阶段的漫长过程。在新技术取代旧技术,从而实现新旧产业更迭的过程中,会面临市场培育、政策监管和组织调整等诸多挑战。因此,新兴产业的发展面临着很高的不确定性和风险。政府的产业政策可以在一定程度上加快新兴产业的培育过程,减少新旧技术更迭中的市场摩擦。但是创新活动自身的不确定性意味着政府在扶持新兴产业时,尤其是在确定重点赛道和发展领域时,又会产生新的政策风险。

48. 如何以科技创新引领产业创新,积极培育和发展新质生产力?

2024年3月20日,习近平总书记在主持召开新时代推动中部地区崛起座谈会时强调"要以科技创新引领产业创新,积极培育和发展新质生产力",在湖南考察时指出"科技创新是发展新质生产力的核心要素。要在以科技创新引领产业创新方面下更大功夫"[①]。我们要贯彻落实习近平总书记重要讲话精神,紧扣制约科技与经济深度融合的突出问题,坚持科技创新与产业创新双向拉动、互为牵引,共同打造产业发展新动能。

主动对标产业创新需求积极推动创新。产业基础资源、创新能力决定产业发展体量规模,通过分析产业创新需求,把握产业创新资源差异性,以高水平科技创新引领产业创新,实现科技创新与产业创新双向拉动、高度融合。围绕创新链布局新兴优势产业链,服务链主企业向产业链两端延伸,实现产业链再造和价值链提升。探索建立产业链"链创+"协同创新机制,谋划前瞻性、变革性科技创新方向,体系化布局创新力量,积蓄支撑产业创新的新动能,形成支撑产业创新的新优势。

多元协同合力引领产业创新。企业是产业形成发展的基础单元和

---

① 习近平:《在湖南考察时强调 坚持改革创新求真务实 奋力谱写中国式现代化湖南篇章》,《人民日报》2024年3月22日。

核心要素。构建现代化产业体系，不仅要依托企业创新主体，还要开展跨区域、跨行业、跨产业组织协调，实现创新资源融合共享。整合科技创新主体，发挥高校院所作为前沿性、基础性研究的主力军优势，协同企业创新主体、联动投融资主体、发展技术转移服务主体，构建多元化协同式立体创新体系，满足产业创新全方位、系统化的需求。

优化组织模式促进产业创新。构建科技创新与产业创新融通发展机制，推动科技创新和产业创新高效融合、协调发展。以"用"为导向，深化政产学研用联合攻关模式，组建技术创新中心，进行颠覆性技术、共性技术等研究，整合全产业链资源，搭建全流程创新平台，推动产业链集约发展、整体创新能力提升。围绕促进数字技术和实体经济深度融合，充分利用新一代信息技术，对传统产业进行改造提升，对新兴产业进行培育壮大，对未来产业进行超前布局建设，实现科技创新差异化发力。

围绕抵御产业风险强化产业创新。高水平科技自立自强的目标是解决关键核心问题或"卡脖子"技术难题，科技创新与产业创新具有一致性和统一性。应把维护产业链安全和韧性作为高水平科技自立自强的目标之一，加强未来产业领域高层次人才引育，强化产业链科技创新备份手段、备份技术研究，加强科技创新信息和产业信息安全保护。

激发创新人才潜能带动产业创新。人才是科技创新引领产业创新的能动性要素，科技创新引领产业创新，必须突出人的主观能动性。要着重加强创新人才自主培育，根据科技发展趋势优化高等学校学科设置和人才培养模式，努力造就一批又一批本土化高层次创新人才。完善海外创新人才引进工作，以更加开放的人才政策加大海外高层次创新人才引进力度，为培育和发展新质生产力汇聚更多人才资源。实施科学家和企业家牵手工程，推动产业创新与科技创新融合。深化科技体制改革，破除阻碍新质生产力发展的体制机制障碍。深化科技领域"放管服"改革，分层分类建立科技创新引领评价标准，完善科技创新引领度、贡献度、支撑度考核评价，促进构建以"用"为导向的科技创新评价体系。

加快数字技术创新和绿色低碳科技攻关推进产业创新。牵住数字关键核心技术自主创新这个"牛鼻子"，提高数字技术基础研发能力，不断提高原创技术水平，打好关键核心技术攻坚战。要加强数字技术先行突破，为更广泛的原创性、颠覆性科技创新提供先进的要素、工具和手段。加大数字技术基础研究跨领域合作力度，推动数字技术的跨界融合和创新应用。新质生产力本身就是绿色生产力。要加速绿色低碳科技攻关，推动高耗能行业低碳转型，加快培育和发展新质生产力。要深化科技体制改革，破除阻碍新质生产力发展的体制机制障碍，充分调动各主体各要素的积极性，激发科技创新对新质生产力的促进作用。

49. 为什么要着力提升科技自立自强能力？

2023年3月13日，习近平总书记在第十四届全国人民代表大会第一次会议上指出，要"着力提升科技自立自强能力"。这为我们推进科技自强自立指明了方向。

提升科技自立自强能力是发展新质生产力的必然要求。作为国之利器，科技始终发挥着无可替代的重要作用。面对新一轮科技革命和产业变革与我国发展方式转变的历史性交汇，唯有充分发挥科技创新的支撑引领作用，依靠高水平科技自立自强，才能为新质生产力厚植发展沃土，为实现高质量发展提供坚强保障。只有实现高水平科技自立自强，才能为培育和发展新质生产力提供新的成长空间、关键着力点和主要支撑体系，使高质量发展更多依靠创新驱动的内涵型增长。要提升科技创新效能，凝聚高水平科技自立自强合力，撬动新质生产力发展杠杆。

提升科技自立自强能力为发展新质生产力的新动能。习近平总书记指出："必须加强科技创新特别是原创性、颠覆性科技创新，加快实现高水平科技自立自强，打好关键核心技术攻坚战，使原创性、颠覆性科技创新成果竞相涌现，培育发展新质生产力的新动能。"[①]进入新阶段，我国经济社会发展比以往任何历史时期都需要借助科技的力量，

---

① 习近平：《在中共中央政治局第十一次集体学习时强调 加快发展新质生产力 扎实推进高质量发展》，《人民日报》2024年2月2日。

获得更优的解决方案，尤其是在激烈的竞争环境下，开辟新赛道、发展新产业、探索新模式、塑造新动能，均有赖于创新驱动的引领作用和自主可控的科学技术。

提升科技自立自强能力是发展新质生产力的着力点。新质生产力具有极其鲜明的科技内涵。当前，以科技领域为代表的国际竞争愈加激烈，深入实施创新驱动发展战略，加快建设科技强国，以高水平科技自立自强的攻坚之势，集聚新质生产力发展新动能，形成高质量发展新优势。基础研究的发展水平决定着科技创新的底蕴和后劲。必须把基础研究置于事关国家科技安全和产业韧性的重要位置，从源头和底层提升科技创新的硬实力，夯实新质生产力赖以生存的根基。要持续兼顾国家科技创新成果的短期紧迫需求和长期战略储备，优化重大科研任务部署，加紧布局基础学科研究中心，打造基础研究体系化力量。同时，围绕改造提升传统产业、培育壮大新兴产业、布局建设未来产业和发展数字经济的战略需求，进一步优化基础研究经费投入结构，加快形成稳定的多元投入机制。

提升科技自立自强能力是应对重大风险挑战的关键举措。当今世界，经济全球化遭遇逆流，国际力量对比深刻调整，科技创新水平成为影响利益相关各方战略博弈的关键变量。新一轮科技革命和产业变革加速演进，以人工智能引领的新一代信息技术促进多个前沿技术领域交叉融合，发生多点突破、齐头并进的链式变革。全球科技创新进入空前密集活跃期，科技创新链条更加灵巧，颠覆性创新不断涌现，各国围绕未来科技制高点的竞争空前激烈。面对复杂的外部环境和科技发展新趋势，我国一些高端产业链对外依存度过高、部分关键核心技术受制于人等问题时刻警示我们，提升科技自立自强能力是发展问题更是生存问题。我们必须把握好新的机遇，高效统筹发展与安全，坚定不移把实现高水平科技自立自强作为国家强盛之基、安全之要，加快构筑高质量发展的强大科技根基，实现产业链供应链安全稳定，把发展的主动权牢牢掌握在自己手中。

50. 为什么统筹推进深层次改革和高水平对外开放要加快形成新质生产力？

面对百年未有之大变局，需要统筹推进深层次改革，形成适应高质量发展的体制机制，加快推进高水平对外开放，努力构建新发展格局，为实现经济质的有效提升提供保障。

一是为加快形成新质生产力提供有力保障。加快推进新质生产力发展必须形成与之相适应的生产关系，这就需要推进深层次改革和高水平的对外开放，进而为发展新质生产力提供制度机制保障。当前，我国培育和形成新质生产力，还面临不少躲不开、绕不过的深层次矛盾和亟待完善的体制机制问题，从根本上解决这些问题，要求我们必须深化重点领域改革，建立健全适应高质量发展的体制机制，为不断推进和拓展新质生产力发展注入强大动力。

二是为形成新质生产力拓展新空间。发展新质生产力离不开开放，开放成就现代化生产力。改革开放以来，我国生产力得到很大发展，一个重要方面就是发挥对外开放的重要作用。目前，我国已成为 140 多个国家和地区的主要贸易伙伴，货物贸易总额居世界第一，吸引外资和对外投资居世界前列，形成更大范围、更宽领域、更深层次对外开放格局。在新征程上，推进形成新质生产力要进一步加快高水平对外开放步伐，通过稳步推进规则、规制、管理、标准等制度型开放，持续建设市场化、法治化、国际化一流营商环境，发挥我国超大规模市场优势，以国内大循环吸引全球资源要素，进一步增强国内国际两个市场、两种资源联动效应，为经济高质量发展不断拓展新空间。

三是为加快形成新质生产力提供新动力。发展新质生产力的关键在于经济循环的畅通无阻，这要求提高国际循环质量和水平，进一步深化改革扩大开放，推进在全球范围内优化资源配置，加快培育生产力发展的新增长点和新动能。要进一步完善社会主义市场经济体制，着力构建开放型经济新体制，更好发挥我国超大规模市场优势和强大生产能力优势，建立与国际高标准投资和贸易规则相适应的制度规则，加快形成新质生产力发展的新局面。

51. 为什么统筹高质量发展和高水平安全要加快形成新质生产力？

高质量发展与打造高水平安全紧密相关，两者相辅相成、相互促进。坚持总体国家安全观，在安全中加快发展，才能实现高质量发展和高水平安全良性互动、有机统一，确保中国式现代化行稳致远。

统筹高质量发展和高水平安全是加快形成新质生产力的应有之义。推动高质量发展就必须立足国家重大需求，加强前瞻性思考、全局性谋划，面向新兴产业、前沿领域战略性布局，提早谋划颠覆性、变革性技术。而加快形成新质生产力是推进高质量发展的必然要求。进入新时代，我国社会主要矛盾已经转化为人民日益增长的美好生活需要和不平衡不充分的发展之间的矛盾，而要有效解决这一矛盾，必须着力推动经济社会高质量发展，不断提升发展的质量和效益，实现经济社会发展由量的扩张转向质的提升，从而更好满足人民对美好生活的向往。而新质生产力之"新"在于通过创新驱动，摆脱传统的生产力发展路径及经济增长方式，以科技创新催生新产业、新模式、新动能，在新发展阶段实现全要素生产率大幅提升，塑造高质量安全发展的新优势。

统筹高质量发展和高水平安全是加快新质生产力发展的现实要求。安全是发展的前提，发展是安全的保障。在发展新质生产力过程中，势必涉及围绕加快培育新质生产力布局产业链、发展创新链，也会面临来自一些西方国家基于零和博弈的"筑墙设垒""脱钩断链"等风险挑战。科技革命和产业变革逐步进入多点突破、群体迸发的新阶段，全球科技竞争日趋激烈，科技生态在巨变中面临着深度整合与系统重构，这些都对国家安全形势产生了持续而深远的影响。而应用高科技发展壮大的新兴产业、未来产业,具有创新活跃、技术密集、发展前景广阔等显著特征,事关经济社会发展和产业转型升级战略全局,其成功无疑可以为维护和塑造国家安全提供坚实的物质和科技保障。

统筹高质量发展和高水平安全必须树立安全发展理念,厚植新质生产力。在以新质生产力推动高质量发展的过程中,要以总体国家安全观为引领,牢固树立安全发展理念,坚持统筹发展和安全,坚持发展和安全并重。在发展新质生产力过程中更多地考虑安全因素。通过健全完善统筹发展和安全相关制度机制,动态平衡高质量发展和高水平安全,避免出现因发展新质生产力片面追求经济效益,忽视安全风险隐患的问题。因此,我们必须坚持以总体国家安全观为指导,高度重视加快形成新质生产力过程中的安全风险挑战,扎实推动实现新质生产力安全发展。

52. 为什么推动新质生产力加快发展必须继续做好创新这篇大文章?

习近平总书记关于新质生产力的重要论述,强调了创新的主导作用,明确指出新质生产力的显著特点是创新,既包括技术和业态模式层面的创新,也包括管理和制度层面的创新。实践中我们必须继续做好创新这篇大文章,推动新质生产力加快发展。

首先,创新是新质生产力的主要特征和核心要素。创新是新质生产力的主要特征，也是新质生产力的内在要求，主要包括科技创新、制度创新和文化创新。科技创新是新质生产力的核心。2024年1月31日，习近平总书记在中共中央政治局第十一次集体学习时进一步指出，"科技创新能够催生新产业、新模式、新动能，是发展新质生产力的核心要素"。人类社会生产力发展历程表明，科技始终是推动社会进步的重要力量，科技创新能够带来新技术、新产品、新材料，开辟新市场，不仅推动了社会变革，还催生了新兴产业，成为各国综合国力竞争的关键。

其次，创新是新质生产力发展的内在动力。创新是引领发展的第一动力，科技是先进生产力的集中体现和主要标志，新质生产力是"科技是第一生产力"和"创新是第一动力"内在本质联系的逻辑整合。新质生产力依靠科技创新驱动，通常表现为更高的效率、更好的质量、更强的创新能力和更符合高质量发展要求的生产方式。发展新质生产力不是忽视、放弃传统产业。传统生产力通过技术改造实现效率提升，为新质生产力的培育和发展提供支持，新质生产力通过科技发展和技术进步，推动传统产业的转型升级，促进质的有效提升和量的合理增长，进而推动生产力全面提升和经济社会高质量发展。新质生产力是以科技创新为主导的生产力，没有科技创新就没有新质生产力，先进科技是新质生产力生成的内在动力。

再次，创新是解决新质生产力发展中问题的根本途径。持续增强的科技创新能力为新质生产力的形成提供了巨大的供给推动力，日益高效的营商环境为新质生产力的形成提供了制度保障。但是也要看到，在这一系列有利条件的背后，还存在一些制约新质生产力发展的因素。比如部分领域"卡脖子"技术的存在，不仅严重威胁我国的发展安全，也形成了阻碍新质生产力发展的堵点；产学研一体化机制的不健全，影响了生产要素的配置效率，干扰了新质生产力的形成进程等。解决当前制约新质生产力进一步发展的诸多难题，必须积极发挥科技创新的主导作用，通过科技创新解决好不同行业的发展阶段和发展难点，稳步探索推动传统产业转型升级，确保新质生产力的发展进程始终处于稳定有序的环境。

最后，推动新质生产力加快发展必须继续做好创新这篇大文章。一是要大力推进科技创新。新质生产力主要由技术革命性突破催生而成。科技创新能够催生新产业、新模式、新动能，是发展新质生产力的核心要素。这就要求我们加强科技创新特别是原创性、颠覆性科技创新，加快实现高水平科技自立自强。二是要着力推进发展方式创新。绿色发展是高质量发展的底色，新质生产力本身就是绿色生产力。必须加快发展方式绿色转型，助力碳达峰碳中和。发展新质生产力，必须进一步全面深化改革，形成与之相适应的新型生产关系。三是要深化人才工作机制创新。要按照发展新质生产力要求，畅通教育、科技、人才的良性循环，完善人才培养、引进、使用、合理流动的工作机制。

53. 如何打造新质生产力的增长极？

2024年3月，在出席解放军和武警部队代表团全体会议时，习近平总书记强调，"推动新质生产力同新质战斗力高效融合、双向拉动""打造新质生产力和新质战斗力增长极"。因地制宜加快发展新质生产力，着力打造"强劲增长极"。近年来，我国科技创新策源能力持续增强，战略性新兴产业聚链成群、集群成势，发展新质生产力具备良好的条件和能力。

一是以现代化产业体系打造新质生产力增长极。要突出现代制造业，构建现代化产业体系，推进新质生产力加快发展。支持新兴产业在加快向智能化方向转型方面发挥优势，解决面临的突出问题，努力通过颠覆性的技术创新，为用户提供优质的产品和服务并实现差异化竞争。发展新质生产力不能忽视、放弃传统产业。目前，传统产业在国家产业结构中占了很大比例，是国民经济的基石。传统产业需要发展，我们要用新技术改造提升传统产业，积极促进产业达到质优，让传统产业重新焕发青春。

二是以数字创新打造新质生产力增长极。数字经济创新发展正成为新质生产力发展的"加速器"。大模型相关的技术底座将成为各行各业的核心基础设施，应加快大模型赋能工业领域，并在软件行业领域加快推动代码大模型的深度应用，助力工业领域数字化转型，推动数字经济和实体经济深度融合。同时，在工业领域加快推动大模型赋能提质增效，在金融、能源、通信等关键领域确保使用自主可控的国产硬件和国产大模型，加快打造国产大模型应用生态。

三是以全面深化改革打造新质生产力增长极。发展新质生产力，必须进一步全面深化改革，形成与之相适应的新型生产关系。推进重点领域和关键环节改革攻坚，适应高质量发展和经济活动数字化进程的需要，激活知识、技术、管理、数据等优质生产要素的活力，引导各类要素协同向先进生产力集聚。要营造市场化、法治化、国际化一流营商环境，把培育新质生产力打造成为区域协同发展的重要引擎，深入推进市场化改革，破除区域分割和地方保护等不合理限制。同时，全面清理涉及地方保护的各类优惠政策，破除招标投标、政府采购等领域对外地企业设置的隐性门槛和壁垒，健全更加开放透明、规范高效的经营主体准入和退出机制。

四是以支持民营企业发展打造新质生产力增长极。要支持民营企业提高核心竞争力，积极落实好各类惠企政策，推进政企面对面解难题、项目要素会商协同办等优化营商环境举措，坚持民营企业家恳谈会、现场办公等制度，强化对民营企业和民营企业家的尊重激励，营造放心投资、安心经营、舒心发展的良好环境，努力让企业发展得更好。

五是以畅通教育、科技、人才良性循环打造新质生产力增长极。加快布局一批新兴学科、交叉学科，把科学精神、创新能力、批判性思维等贯穿教育全过程。同时，探索拔尖创业人才"选育用评"机制，引导和推动高校主动承接新兴产业龙头企业技术攻关项目，构建科产城一体融合创新生态，聚力建设一批面向世界、引领未来、服务全国的都市型科技创新集聚区。

六是以重大国家战略对接打造新质生产力增长极。加快推进科技及产业创新共同体建设，提升基础研究的原始创新能力和创新策源能力。对产业生产导向进行适当调节，加强产业间供给与需求的耦合度，促进形成一体化产业集群。抢抓开放机遇，大力推进"一带一路"经贸合作，在双向投资上实现新突破，更好服务构建新发展格局。完善企业跨境投融资便利化政策，加大外资招引力度的同时深度参与国际分工，提升全球资源配置能力，推动优势产业集群出海，为高质量发展拓展更大发展空间。持续推动开放体制机制创新，加快建设开放通道体系，全面提升开放平台能级，引领新一轮高水平开放，为打造发展新质生产力增长极做出更大贡献。

54. 怎样围绕发展新质生产力布局产业链？

产业链是随着社会分工深化和市场交易的发展而逐渐形成的，是生产力不断发展的结果。2024年1月31日，习近平总书记在主持中共中央政治局第十一次集体学习时强调，"要围绕发展新质生产力布局产业链，提升产业链供应链韧性和安全水平"。当前，全球价值链分工体系重构加速，发达国家"产业回流"、发展中国家"产业分流"等因素对我国产业链供应链循环畅通造成影响，因此推动产业链竞争力水平提升已然迫在眉睫。围绕发展新质生产力布局产业链，既是强化国家经济安全的重要保障，更是加快发展新质生产力的内在要求和必然选择。

推动以科技创新为核心的全面创新，实现产业链系统提升。随着科学技术的进步，产业链能够将各个环节的生产能力整合起来，形成一个完整的现代化生产系统，系统中的每个环节都是生产力的具体体现，这是任何一个单体企业难以做到的。产业链已经成为新质生产力发展的重要载体，围绕发展新质生产力布局产业链，首先要在科技创新上下功夫。科技创新能够催生新产业、新模式、新动能，以科技创新促进产业链提升是突破价值链低端锁定的根本途径。以科技创新推动产业链关键核心技术自主可控，是提升产业链供应链韧性和安全水平的关键。要以科技创新推动产业创新，促进创新链和产业链深度融合，以高水平科技创新培育高质量发展新动能。构建技术、产品、商业模式、新业态、文化等紧密连接的创新链条，促进大学、科研机构、中介机构、企业、金融机构等创新环节形成良性循环，推动技术创新产生最大的商业化效应，实现产业链的提升、生产力的跃升。

推进产业链数字化转型，促进产业链供应链高效协同。数字化是当前全球产业链发展的新特征、新方向，推进数字经济与实体经济融合是现代化产业体系的突出特征。产业链供应链的协同效率是衡量产业链供应链韧性的关键指标，也是产业链供应链现代化水平的重要体现。要构建统一的数据平台，通过标准化、数字化的信息收集与处理流程，确保数据准确性和实时性，为基于数据驱动的智能决策提供支持。要强化产业链供应链上下游之间的信息互通和资源共享，利用云平台和大数据技术，打造开放、协同的生态系统，促进产业链供应链内部高效配合，灵活应对市场变化。通过集成应用物联网、云计算、人工智能等数智化技术构建智慧型产业链供应链，增强产业链竞争力，提升产业链供应链韧性和安全水平，为培育新质生产力夯实基础。近年来，高铁飞驰、神舟飞天、蛟龙入海、"天眼"探空、北斗组网等，彰显了中国制造的底气实力，凸显了数字技术的有力支撑。

加快产业链绿色化转型，提升产业链供应链的环境适应性和资源利用效率。通过开发和推广绿色技术，发展循环经济，减少对传统化石能源的依赖，降低温室气体排放，进而加快形成绿色低碳的生产方式，助力碳达峰碳中和。当前要加快推进新能源汽车产业，从电池材料的选择、生产过程的节能减排到废旧电池的回收利用。着力做强绿色制造业，发展绿色服务业，壮大绿色能源产业，打造高效生态绿色产业集群，构建绿色低碳循环经济体系。

推进现代制造业和现代服务业深度融合，增强产业链的灵活性和适应性。要发展深度融合的产业组织载体，以具有优势的现代制造业企业、开发区为基础，增强产业间联系，打造一批现代制造业和现代服务业深度融合的产业链条、新型产业集群、产业生态圈。要更新观念、提高认识，强化产业链融合发展的意识，建立完善支持产业链融合发展的产业政策体系。要推动产业交叉融合，整合不同产业链信息、资源和技术，培育新材料、新能源、现代制造业等战略性新兴产业，催生共享经济、平台经济等新业态和新模式。这些都是提升产业链韧性的重要内容。另外，产业融合与新业态的发展也能为传统产业的转型升级提供技术支持、创造新的市场机遇，使其在创新中找到增长点，从而增强整个产业链的竞争力和抗风险能力。

55. 如何开辟制造业创新发展的新领域新赛道？

习近平总书记指出："把科技的命脉牢牢掌握在自己手中，在科技自立自强上取得更大进展，不断提升我国发展独立性、自主性、安全性，催生更多新技术新产业，开辟经济发展的新领域新赛道，形成国际竞争新优势。"[1]当前，我国制造业数字化转型速度逐步加快，转型领域逐步拓展，转型空间仍然较大。在数字技术驱动下，制造业显著降低了一线生产的劳动力需求，远程办公也使企业对技能型人才的需要更有弹性，降低了对本地劳动力市场的依赖。虚拟替代方面，随着数字化转型成本降低，特别是网络化协同制造趋势下，企业之间依托工业互联网平台的虚拟集聚对实体集聚产生部分替代，虚拟产业园区、虚拟产业集群正是对这一趋势的反映。面对新形势开辟

---

[1] 习近平：《在湖北武汉考察时强调 把科技的命脉牢牢掌握在自己手中 不断提升我国发展独立性自主性安全性》，《人民日报》2022年6月30日。

制造业创新发展的新领域新赛道需要抓好三个方面工作。

第一，大力促进开放创新，为制造业创新发展开辟更为广阔的空间。在数字经济时代，全球化是制造业发展的新的特征，合作不是一个线性关系而是多个合作伙伴同时合作的过程，是共同提高国际化视野、彼此互鉴、共同创造的过程。通过开放式创新，辅以区块链、人工智能等信息技术的加成，汇聚全球的力量，利用各方的力量推动现代化产业体系发展。这就要求必须树立开放发展的理念，不仅要重视国内区域之间的创新合作，而且要注重国际间的交流合作。

第二，加快颠覆式创新，把握制造业创新发展的新方向。为加速形成新质生产力，加速战略性新兴产业、未来产业的发展和传统产业转型升级，应加强新型基础设施建设，为颠覆式创新技术应用提供良好条件。这里所说的新型基础设施，是企业利用先进前沿技术实现跨越式升级发展的基础条件。新基础设施的新颖之处，在于有潜力与经济和社会中的各个行业以及生产和生活的各个方面相结合，能够利用新技术促进传统产业数字化、智能化转型，赋能应用于多样化的领域，促进多种技术、产品和行业的协同。要积极促进新型基础设施建设，坚持创新驱动新型基础设施的发展，紧紧把握重点领域科技发展的新动向。

第三，全面激发更优"数据生产力"，加快制造业的新发展。加大对科技创新、绿色转型、普惠小微、数字经济等方面的支持力度，推进数据生产力加快发展。现阶段我国数字经济规模已稳居世界前列，成为推动经济增长的主要引擎之一。但我国数字经济发展仍面临一些问题和挑战。在创新发展上，部分核心技术研发仍存在突破空间，互联网、人工智能等的算力水平需要提高；在协调发展中，数字经济与实体经济深度融合还不够，数字经济对农业的赋能需加强，产业数字化的作用有待增强；在绿色发展中，数据资源存储、计算和应用需求大幅提升，数据中心升级换代淘汰的老旧设备也亟须规范化处理，避免环境污染，绿色化转型迫在眉睫；在开放发展中，还存在数据资源分配不均衡的问题，这种失衡会妨碍国内统一大市场的总体进程，不利于经济内外循环有序运行；在共享发展中，还需加快弥合城乡数字鸿沟，统筹推进数字乡村建设。问题就是机会。通过解决问题，全面激发更优"数据生产力"，推动数字技术创新在各产业领域的渗透、覆盖和应用，有力促进产业数字化转型，加快新兴产业发展，以科技创新引领我国现代化产业体系建设。

56. 从战略性新兴产业到未来产业发展有哪些新思路？

从战略性新兴产业到未来产业的发展，必须不断加大对基础研究的支持力度，增强原始创新能力，同时提高科研成果转化率，为产业化提供科技创新基础。同时，要大力促进要素聚集，提高要素配置效率，完善要素市场，构建良好产业创新生态体系，优化产业分工和空间布局。此外，要不断创新领域管理模式，持续扩大对外和对内开放，构建国内国外双循环体系，进行体制机制创新，将巨大规模市场优势转化为产业优势。

一是大力提高研发投入支持力度,提升成果转化率,增强原始创新能力。大力提高研发投入。除了在国家层面提高研发投入支持力度外,要鼓励地方政府、企业不断提高研发支持力度。鼓励地方财政通过税收减免、政策倾斜等措施,吸纳更多社会资本投入研发活动,加大对基础研究支持。优化研发经费投入结构,持续提高基础研究比例,从整体上提升基础研究的支持力度,增强原始创新能力。

加大成果转化支持力度。通过严格知识产权保护制度、完善科技金融体系、加快人才评价改革、加大第三方科技成果转化服务主体支持力度、提高企业创新主体地位、创新成果转化方式等措施,提升成果转化支持力度,切实提高科技成果转化率。

持续推进体制机制创新。在保证网络信息等总体安全的前提下,对新领域实施敏捷治理,提升创新活力,拓展创新空间,扩大产业应用领域。

二是促进要素聚集,增强聚集效应,优化产业布局。完善创新要素引进流动机制。通过提升创新活力吸引新产业,通过新产业吸引人才。建立与战略性新兴产业和未来产业发展相适应的人才支撑体系。积极引进国际创新人才,实施精准化人才引进制度,提升引才的精准度和产业适配度。完善人才、资本、技术等创新要素的组织体系,发挥市场配置资源的核心作用,吸引创新要素集聚,组织、构建并完善未来产业的创新生态体系,加快成果的转化、熟化(产业化）。总结和借鉴5G通信和新能源汽车发展的成功经验，促进要素特别是创新要素的流动，完善要素市场，保障战略性新兴产业和未来产业的高质量发展。

增强创新要素聚集。面向未来产业，进一步增强聚集效应，提升创新和发展能力。从3个方面衡量聚集度：①密度，即单位面积内聚集的人才、资本和技术等创新要素；②频度，即要素聚集以后的流动程度，如每一天车流量、人员流动率、通话量、邮件发送量；③浓度，即技术含量、附加价值的大小。通过提高创新要素聚集，为构建良好的创新生态提供要素基础。

优化产业分工和空间布局。各地未来产业的规划和发展，要与国家的整体战略和规划结合，并保持内在一致性。未来产业的发展，要依据各地经济、产业和科技发展特点，通过先导试验区带动其他区域共同发展。通过未来产业的梯度转移和区域产业的再分工，形成国内传统产业、战略性新兴产业和未来产业发展的雁形阵列。加强区域之间在人才、资本、技术及产业项目之间的协调合作和交流互动，推动产业合理布局、分工进一步优化，提升国家整体产业发展效能。

三是不断创新领域管制模式，持续扩大对内对外开放。新一轮科技革命和产业变革，仍然依靠创新驱动，而创新活力决定了创新的质量和水平。因此，必须不断创新管制模式，扩大对内对外开放，提升产业的整体创新活力。

正确处理创新与监管的关系。过度监管会抑制创新，而开放可以促进创新。创新催生了产业的新方向和新领域，如新一代人工智能、生物技术等。美国太空探索技术公司的"星链"技术，正是美国开放低轨卫星领域限制的结果。ChatGPT作为人工智能研究实验室OpenAI新推出的一种人工智能技术驱动的自然语言处理工具，自面世以来，获得了各界极大关注，未来将对搜索、办公和云计算等许多领域带来革命性的冲击，当然也会带来一定的风险。对于新领域，相关政府部门应该采取有底线的管制，即通过筑牢技术底座，提高安全水平，为整体安全提供技术支撑，而非简单的一刀切。对新兴产业发展带来的伦理与安全、负外部性等问题，需要不断创新治理模式，综合考虑多重因素，建立以敏捷为核心的治理框架。

持续扩大对外开放。在未来产业相关的新领域和新方向，充分认识发达国家的优势，将自主创新和对外开放有机结合。通过国内产业和应用场景，吸收国外的人才和技术。在技术方面，可借鉴美国的未来产业实验室模式。在应用场景方面，在特定地区先行先试，开放数据跨境流动；针对某些特定领域，在特定地区开展实验，如生物医药方面的癌症实验室。在创新主体方面，允许外资参与未来产业。

不断扩大对内开放。提高开放水平，除了对外开放，还要进一步扩大对内开放，即扩大对民营经济的开放。在数字经济、互联网等产业，逐步放松管制，鼓励民营经济创新。以深圳开展放宽市场准入为试点,围绕放宽准入限制、优化准入环境、破除准入壁垒,逐步形成一批可复制、可推广的创新成果,探索更加灵活、更加科学、更加有效的政策体系和管理体制,建设更高水平的社会主义市场经济体制。

57. 为什么说新质生产力本身就是绿色生产力?

2024年1月31日,习近平总书记在主持中共中央政治局第十一次集体学习时指出:"绿色发展是高质量发展的底色,新质生产力本身就是绿色生产力。"这一重要论断,深刻阐明了新质生产力与绿色生产力的内在联系。新质生产力之所以本质上是绿色生产力,是因为其核心特征与绿色发展的基本要求高度一致。

绿色生产力体现新质生产力的基本要求。新质生产力是创新起主导作用,摆脱传统经济增长方式、生产力发展路径的先进生产力质态。新质生产力是符合新发展理念的先进生产力质态,这意味着新质生产力必然是环境友好型、资源节约型的生产力。培育和发展新质生产力,就是发展绿色生产力,就是要加快推动发展方式绿色低碳转型,以绿色发展新成效持续激发新质生产力发展新动能。新质生产力代表着新一代的技术革新和产业升级,这些技术和产业以其高效率、低资源消耗和低污染排放为特点。新质生产力的发展,本质上追求的是可持续发展的目标,即在保证经济增长的同时,实现资源的有效利用和环境的长期保护。发展绿色生产力就是要站在人与自然和谐共生的高度谋划发展,坚决摒弃以牺牲生态环境换取一时一地经济增长的做法,推动经济社会发展绿色化、低碳化,从根本上缓解经济发展与资源环境之间的矛盾,推动经济发展从"有没有"转向"好不好"、质量"高不高",追求绿色发展繁荣。这种生产力通过优化产品设计、提高能源使用效率、采用可循环材料和技术等方式,减少了对自然资源的消耗和对环境的破坏,显著提高了生产和消费的绿色水平。

绿色生产力符合新质生产力的重要特征。新质生产力是符合新发展理念的先进生产力质态。绿色生产力由绿色低碳科技创新及模式创新催生形成,包括以新能源、新材料等减污降碳新兴产业为代表的新制造,以数字化、智能化、绿色化与传统产业相融合为代表的新业态,以高附加值绿色环保产业和绿色消费为代表的新服务及其形成的聚合体。发展绿色生产力就是要完整、准确、全面贯彻新发展理念,从科技创新、产业升级发力,努力打造绿色低碳供应链,构建绿色低碳循环经济体系,加快形成科技含量高、资源消耗低、环境污染少的产业结构,推动实现更高质量、更有效率、更加公平、更可持续、更为安全的发展。

绿色生产力蕴含新质生产力的动力源泉。从绿色低碳领域看,绿色低碳技术是新质生产力形成的重要动力之一,动力电池、光伏电池、风力涡轮机等领域的技术突破,已成为新一轮科技革命和产业变革的显著标识;资源环境创新性配置是新质生产力形成的关键环节之一，碳排放权交易等资源环境要素市场化配置的创新发展，正以更高效率、更低成本激励市场主体技术创新；产业绿色低碳转型升级是新质生产力形成的重要载体之一，在传统产业的绿色低碳改造和绿色低碳产业的发展壮大中，新质生产力发展迸发出勃勃生机。新质生产力的发展不仅局限于某一产业或领域，而是对整个经济社会产生深远影响。从能源生产和消费模式的变革，到制造业、服务业乃至农业的绿色升级，新质生产力推动了全社会范围内的绿色转型。这种转型包括生产过程的清洁化、资源利用的循环化、能源消费的低碳化等方面，从根本上实现了经济增长与生态环境保护的双赢。新质生产力的兴起和发展，正是对全球绿色发展趋势的积极响应。通过技术创新和产业革新，新质生产力不仅有助于解决本国的环境和资源问题，也为全球可持续发展做出了贡献。

绿色发展是可持续的发展，不断培育壮大绿色生产力，才能推动高质量发展行稳致远。一方面，要重视传统产业绿色转型升级，以科技创新为引领，加快传统产业高端化、绿色化、融合化升级改造，加快建设现代化产业体系。另一方面，要加强绿色战略性新兴产业和未来产业布局发展，通过加快战略性、前沿性、颠覆性绿色科技创新和先进绿色技术推广应用，做强绿色制造业，发展绿色服务业，壮大绿色能源产业，发展绿色低碳产业和供应链，构建绿色低碳循环经济体系。围绕经济社会发展方式的整体转型，形成持续优化支持绿色低碳发展的经济政策体系，完善支持绿色发展的财税、金融、投资、价格政策和标准体系，加强绿色经济市场激励机制建设。

58. 为什么发展新质生产力必须进一步全面深化改革？

2024年1月31日，习近平总书记在中共中央政治局第十一次集体学习时强调，发展新质生产力，必须进一步全面深化改革，形成与之相适应的新型生产关系。可以说，进一步全面深化改革是加快发展新质生产力的根本动力。

进一步全面深化改革是发展新质生产力的客观要求。生产力是最革命、最活跃的因素，生产力的发展水平决定了生产关系的性质、形成和发展变化。随着生产力的不断发展，生产关系也会相应发生变化，以适应生产力的发展要求。实践证明，改革能破除制约生产力发展的思想障碍和制度藩篱，让一切劳动、知识、技术、管理、资本的活力竞相迸发，让一切创造社会财富的源泉充分涌流。改革是经济社会发展的强大动力。只有通过进一步全面深化人才体制、科技体制、经济体制改革，着力打通束缚新质生产力发展的堵点卡点，形成与之相适应的新型生产关系，才能让各类生产要素顺畅流动和高效配置到新质生产力领域，加速形成发展新质生产力的竞争新优势。

进一步全面深化改革是发展新质生产力的根本动力。从改革开放的实践看，生产关系的完善总会带来生产力的大解放。党的十一届三中全会开启了改革开放和社会主义现代化建设新时期。我国改革从农村实行家庭联产承包责任制率先突破，逐步转向城市经济体制改革并全面铺开,更大程度更广范围发挥市场在资源配置中的基础性作用。党的十八大以来,我们党以更大的政治勇气和智慧推进全面深化改革,改革向纵深推进,重要领域和关键环节改革取得突破性进展,中国国家治理体系和治理能力现代化水平显著提高。改革的生动实践,提升了创新资源配置效率,促进了创新成果向现实生产力的高效转化,新质生产力在实践中形成并展示出对高质量发展的强劲推动力、支撑力。

新质生产力的基本内涵是劳动者、劳动资料、劳动对象及其优化组合的跃升,核心标志是全要素生产率大幅提升。生产要素进行更高效率的配置,劳动者在地区之间、行业之间自由有序流动,使劳动资料、劳动对象能够合理配置到各类劳动者手中,实现诸要素便捷流动、高效配置。对生产要素进行更高效率的配置,就要处理好政府和市场的关系,使市场在资源配置中起决定性作用,更好发挥政府作用。首先,使市场在资源配置中起决定性作用,要求着力解决市场体系不完善、政府干预过多和监管不到位问题,大幅度减少政府对资源的直接配置,推动资源配置依据市场规则、市场价格、市场竞争实现效益最大化和效率最优化。其次,更好发挥政府作用,不是要弱化或取代市场作用,而是要弥补市场失灵,为市场有效配置资源和经济有序运行创造良好环境,为企业提供公平竞争的市场环境,激发市场活力和社会创造力,促进各类先进优质生产要素向培育和发展新质生产力集聚。总之,形成新型生产关系,就是在坚持社会主义生产关系重大原则、坚持和发展社会主义基本经济制度的基础上，根据新质生产力的发展要求对生产关系进行完善和提升。

以进一步全面深化改革推动新质生产力加快发展。习近平总书记指出："必须进一步全面深化改革开放，不断解放和发展社会生产力、解放和增强社会活力。"[①]这为以进一步全面深化改革推动新质生产力加快发展提供了根本遵循。一是要进一步深化经济体制改革，创新生产要素配置方式，让各类先进优质生产要素向发展新质生产力顺畅流动。要改变政府一定要引领市场的传统观念。市场的试错成本比政府低，容错机制比政府活，市场能够发现创新方向，但是市场有时候会因为缺资源、难赚钱而却步，政府却可以"跟投""买单"。二是要进一步改革教育、科技、人才体制，为创新人才培养、人才推动创新创造足够宽松、足够顺畅、足够激励的体制和文化环境。特别是各种公立、公有单位的要素参与收入分配机制，激发劳动、知识、技术、管理、资本和数据等生产要素活力，更好体现知识、技术、人才的市场价值。三是要扩大高水平对外开放，为发展新质生产力营造良好国际环境。面向未来，必须坚持依靠全面深化改革开放增强发展内生动力，塑造适应新质生产力的新型生产关系，统筹推进深层次改革和高水平开放，不断培育和发展新质生产力，不断激发和增强社会活力。

---

① 习近平：《全面深化改革开放，为中国式现代化持续注入强劲动力》，《求是》2024年第10期。

59. 怎样扩大高水平对外开放，为发展新质生产力营造良好国际环境？

习近平总书记强调，"要不断扩大高水平对外开放，深度参与全球产业分工和合作，用好国内国际两种资源"[①]"为发展新质生产力营造良好国际环境"[②]，为以高水平对外开放推动新质生产力发展指明了方向。

统筹推进高水平对外开放各类平台建设。发挥平台网络体系联动发展作用，借助引进大项目与好项目，提升开放平台能级，形成开放新高地，进一步增强开放型经济发展的动力活力。自贸区（港）、中欧班列、西部陆海新通道、境外经贸合作区、数字丝绸之路等重大开放平台与通道背后依托的是中国的大平台、大市场和大网络，注重突出不同层次的平台，联动周边地区共同拓展产业链与创新链，通过内引外联与多元联系，形成区域共同体，引导高质量产业与人口集聚的同时促进中低端空间置换与优化，为更高层次的产业与空间提供更好的支持。

积极参与国际规则制定。低水平的对外开放意味着只能被动接受国际经贸规则，而持续高水平的对外开放的核心目标是构建符合全人

---

① 习近平：《在学习贯彻党的二十大精神研讨班开班式上发表重要讲话强调 正确理解和大力推进中国式现代化》，《人民日报》2023年2月8日。
② 习近平：《全面深化改革开放，为中国式现代化持续注入强劲动力》，《求是》2024年第10期。

类发展需要、更加公正合理的国际规则体系。充分发挥"一带一路"、金砖国家、RCEP（《区域全面经济伙伴关系协定》）等国际合作平台作用，在积极参与全球治理过程中，持续提炼中国方案、贡献中国智慧。在数字经济、绿色经济等新兴产业领域，积极探索并制定区域高水平贸易规则，凭借新型产业核心竞争力优势，提升我国在全球产业链、供应链和创新链规则体系的话语权。全面深入参与世界贸易组织的改革，推动建设开放型世界经济，不断增强我国的影响力，推进经济全球化在构建人类命运共同体理念下朝着合作与共赢的方向发展。

筑牢国内统一大市场根基。中国促进新发展格局形成的基础就是要建立国内统一大市场，逐步形成统一的国内市场制度规则，减少市场联通的制度壁垒，激发市场活力，促进各类要素的自由循环畅通。同时，积极推动内外贸一体化，畅通国内外良性循环，更高效率实现内外市场联通，创造良好的国内营商环境，为促进新质生产力创造基础条件。

加强对外科技创新合作。科学技术的交流合作是新质生产力形成的重要路径。高水平对外开放的重点方向应涵盖科技创新的交流开放，更加包容地融入世界重要国际组织的科技创新网络。以重大国际研发任务为载体，鼓励国内有实力的研发机构、企业院校、咨询机构走出国门，主动对接国际前沿科研平台，处理好产学研关系，组建国际产学研合作体系，联合攻关大科学计划和工程。在基础研究和前沿科研领域,支持拥有高水平研发中心的跨国公司投资中国基于发展新质生产力而重点布局的科技创新领域,发挥科技创新集聚的外溢效应,提升本土研发机构的科技创新水平和科技成果转化效率,培育发展新质生产力的新动能。

60. 为什么要按照发展新质生产力要求,畅通教育、科技、人才的良性循环?

习近平总书记指出,"教育、科技、人才是全面建设社会主义现代化国家的基础性、战略性支撑"[1]"要按照发展新质生产力要求,畅通教育、科技、人才的良性循环,完善人才培养、引进、使用、合理流动的工作机制。要根据科技发展新趋势,优化高等学校学科设置、人才培养模式,为发展新质生产力、推动高质量发展培养急需人才。要健全要素参与收入分配机制,激发劳动、知识、技术、管理、资本和数据等生产要素活力,更好体现知识、技术、人才的市场价值,营造鼓励创新、宽容失败的良好氛围"[2]。这深刻揭示了教育、科技、人才与发展新质生产力之间的内在联系,为新时代发展新质生产力提供了根本遵循。

畅通教育、科技、人才的良性循环,是发展新质生产力的必然逻辑。

---

[1] 习近平:《高举中国特色社会主义伟大旗帜 为全面建设社会主义现代化国家而团结奋斗——在中国共产党第二十次全国代表大会上的报告》(2022年10月16日),《人民日报》2022年10月26日。

[2] 习近平:《在中共中央政治局第十一次集体学习时强调 加快发展新质生产力 扎实推进高质量发展》,《人民日报》2024年2月2日。

新质生产力学习问答

当今时代，科技是第一生产力、人才是第一资源、创新是第一动力。科技创新能够催生新产业、新模式、新动能，是发展新质生产力的核心要素。人才是科技创新的根基，创新驱动本质上是人才驱动。教育是培养人才的基础，能够提升国民素质、培养创新型人才、促进科技创新、提高全社会的生产效率，为新质生产力发展提供有力支撑。总的来说，发展新质生产力靠科技创新，科技创新靠人才，人才靠教育。三者相互联系、相互影响、相辅相成。只有把三者有机结合、统筹推进，才有助于打通束缚新质生产力发展的堵点卡点，让各类先进优质的生产要素向发展新质生产力顺畅流动。

畅通教育、科技、人才的良性循环是破除新质生产力发展体制机制障碍的现实需要。体制机制是保障新质生产力发展的重要举措，畅通教育、科技、人才的良性循环，关键是深化科技体制改革，打通科技成果转化"最后一公里"的堵点卡点。要向高校、科研院所和科研人才赋权，在编制使用、岗位设置、职称评定、工资福利、经费使用等方面赋予更大自主权，对在基础研究及应用研究方面取得重大成果、关键核心技术创新和重大原创技术突破方面做出重要贡献的青年科技人才，给予项目、职务晋升等倾斜支持，赋予其更大自主创新空间，不断释放科研人员创新创造活力。深化教育体制改革，调整优化学科专业和人才培养结构布局，加快基础学科、新兴学科、交叉学科建设，推动传统学科专业迭代升级，使其在学科布局和专业设置上更具科学性和前瞻性，实现学科专业与产业链、创新链、人才链的相互匹配、合作，全面提升人才培养质量。深化人才体制改革，推进教育、科技、人才融合发展，构建良性循环，开辟新领域新赛道，塑造新动能新优势，支撑新质生产力快速发展。

畅通教育、科技、人才的良性循环是加快新质生产力发展的根本要求。转变过去教育、科技、人才条块化、分散化、单一化的发展模式，塑造各显所长、各尽其能的循环优势。近些年，我国在深化教育领域改革中取得重要进步，在科技人才体制机制改革方面也有实际举措，但也有一些问题不容忽视，仍存在短板，阻碍新质生产力发展。要大力培养重点领域战略人才力量，打通教育、科技、人才一体化堵点，塑造良性循环，大力培养国家重点领域科技创新的战略人才力量，进一步推动激发创新能动性的科技人才体制机制改革。遵从战略新兴产业和未来产业发展要求，建设培养拔尖创新人才的现代化教育体系。聚焦世界重要人才中心和创新高地部署，畅通教育、科技、人才要素的跨区域循环通道。通过教育、科技、人才的区域协同，发挥我国人才中心和创新高地的引领作用，促进多地因地制宜发展新质生产力。

61. 如何按照发展新质生产力要求完善人才培养、引进、使用、合理流动的工作机制？

2024年1月31日，习近平总书记在中共中央政治局第十一次集体学习时强调，"要按照发展新质生产力要求，畅通教育、科技、人才的良性循环，完善人才培养、引进、使用、合理流动的工作机制"。这为我们做好人才工作、促进新质生产力发展提供了基本遵循。

按照发展新质生产力要求完善机制加强人才培养引进。在新质生产力的发展过程中，人才既是创新的发起者，也是技术应用的实践者，更是制度变革的推动者，是新质生产力的核心要素。因此，要明确人才在新质生产力中的角色定位，充分认识和尊重人才的价值和作用，多措并举育才引才、留才用才。要通过体制机制改革创新，集聚新型生产要素，加快形成与新质生产力发展需求相适应的人才结构。努力培养造就更多大师、战略科学家、一流科技领军人才和创新团队、青年科技人才、卓越工程师、大国工匠、高技能人才；注重人才多元引进，让有志于来华发展的优秀人才引得进、待得住、用得好、流得动，使更多全球智慧资源、创新要素为我所用；注重产学研深度合作，特别是国际交流与合作，推动人才培养与产业需求无缝对接，促进科技成果的转化和应用。

按照发展新质生产力要求多措并举强化人才激励保障。加大对承担前瞻性、战略性、基础性等重点科技任务的人才激励力度，重视以知识价值、能力和创造为导向的收入分配政策，探索实行弹性工资和绩效工资等薪酬激励方式，做好培养人才、吸引人才、留住人才的全链条保障，以人才可持续发展模式大力推进新质生产力快速形成。建立健全人才激励机制，通过完善薪酬制度、设立奖励基金、提供晋升机会等措施，激发劳动、知识、技术、管理、资本和数据等生产要素活力，更好体现知识、技术、人才的市场价值，提升人才的创新热情和创造活力；加强知识产权保护力度，保障人才创新成果的合法权益，为人才创新提供坚实的法律保障；优化人才服务保障体系，管好人才的"一老一小"，为人才提供优质的生活服务、完善的社会保障，让他们能够安居乐业、潜心发展。

按照发展新质生产力要求营造氛围促进人才作用发挥。一是通过组建跨学科团队等方式，促进不同领域人才的交流和合作，激发创新灵感和创造力；二是注重营造开放包容的创新文化氛围，鼓励创新、宽容失败，让人才敢于尝试、勇于创新，为新质生产力发展注入源源不断的活力；三是在全社会树立崇尚创新、崇尚人才的鲜明导向，用创新文化激发创新精神，推动创新实践，激励创新事业，引导人民群众特别是青年学生立志学榜样、干实事。

面对新一轮科技革命和产业变革的新形势，我们更加迫切地需要人才。唯有全方位培养、引进、使用人才，倾心引才、悉心育才、真心爱才，厚植人才成长的沃土，方能推动传统生产力更快向新质生产力跃升。要根据科技发展新趋势，优化高等学校学科设置、人才培养模式，为发展新质生产力、推动高质量发展培养急需人才。

62. 为什么要因地制宜发展新质生产力？

习近平总书记在参加十四届全国人大二次会议江苏代表团审议时指出："发展新质生产力不是忽视、放弃传统产业，要防止一哄而上、泡沫化，也不要搞一种模式。各地要坚持从实际出发，先立后破、因地制宜、分类指导，根据本地的资源禀赋、产业基础、科研条件等，有选择地推动新产业、新模式、新动能发展，用新技术改造提升传统产业，积极促进产业高端化、智能化、绿色化。"[①]这一重要论述，为各地结合实际推进生产力变革指明了方向、提供了遵循。

因地制宜发展新质生产力体现了实事求是的本质要求。实事求是是中国共产党人认识世界和改造世界的根本要求。从唯物辩证法来看，因地制宜是一种实事求是的思想方法和工作方法，体现了具体问题具体分析的方法论要求。因地制宜不仅强调发展的特殊性、自主性和自立性，也强调发展的协调性、平衡性和灵活性。因地制宜强调在具体发展实践中，要根据当地具体情况和具体事实，运用科学有效措施对该地区发展状况进行精确识别、精细研究和精准施策。

因地制宜发展新质生产力体现了客观规律性和主观能动性的良性互动。从客观规律性来看，因地制宜发展新质生产力强调在认识和运用自然、社会和经济规律的基础上，根据各地的发展实情制定相应政策。从主观能动性来看，强调各地要根据其生产力发展状况，在深入调查研究的基础上大胆创新，勇于探索适合本地区发展的新路子。所以，因地制宜发展新质生产力既体现了对生产力发展规律的尊重，也体现了对人的主观能动性的要求。

因地制宜发展新质生产力体现了矛盾普遍性和矛盾特殊性的良性

[①] 习近平：《在参加江苏代表团审议时强调 因地制宜发展新质生产力》，《人民日报》2024年3月6日。

互动。在唯物辩证法看来，矛盾的普遍性和特殊性是辩证法的两个基本范畴。从矛盾的普遍性来看，发展新质生产力是我国经济社会发展的普遍需要，全国各地都有发展新质生产力的要求。从矛盾的特殊性来看，因地制宜发展新质生产力就是在认识把握矛盾普遍性基础上，针对不同地区的特殊性矛盾具体分析和解决。所以，因地制宜发展新质生产力既体现了对矛盾普遍性的认识，也体现了对矛盾特殊性的把握，实现了矛盾的普遍性和特殊性的良性互动。

因地制宜发展新质生产力体现了时间性和空间性的良性互动。在唯物辩证法看来，一切事物的发展都是在特定时空环境下实现的。从时间性来看，我们要以历史的眼光看待生产力的发展；从空间性来看，发展新质生产力要以具体地点和条件为转移。因地制宜发展新质生产力客观上强调要坚持时间性和空间性相统一，既要看到同一地区生产力的历史性、阶段性，也要看到同一时期不同地区生产力发展的不平衡性，进而在时间性和空间性的良性互动中精准把握发展契机。

因地制宜发展新质生产力，是各地加快培育新动能、推动生产力发展的重要遵循。因地制宜是由新质生产力的理论逻辑与实践逻辑共同决定的。从理论逻辑看，新质生产力集中体现为新技术、新产业、新动能，技术突破带动产业变革，形成新的经济增长点，为新旧动能接续转换提供良好的条件。在这个过程中，技术与不同产业相叠加，产生的作用也是不同的，新动能形成的机理也是多元的。从实践逻辑看，新一轮科技革命和产业变革向纵深发展，各类新技术的突破瞬息万变，对要素配置的要求也是不一致的。有的技术突破依托的是人力资源的优势，有的技术突破则主要依靠资金密集优势。我国区域经济发展，每个板块的要素构成条件、资源禀赋基础条件都不同，发展新质生产力虽然是殊途同归，但找到符合自身发展的路径至关重要。

当下，因地制宜发展新质生产力要完整、准确、全面贯彻新发展理念。要尊重发展的特殊性、差异性、多样性，不搞"一刀切"。各地要因地制宜、分类指导，根据本地的资源禀赋、产业基础、科研条件等，有选择地推动新产业、新模式、新动能发展，走出一条符合本地实际的高质量发展之路。

63. 为什么发展新质生产力不能忽视、放弃传统产业？

传统产业不代表落后生产力。在实践中，我们要按照习近平总书记指示要求，发挥传统产业的优势，促进传统产业向新质生产力方向转化。

一是因为传统产业在制造业中占比处于优势地位。传统产业在我国制造业中占比超80%，是现代化产业体系的基底。多年来，我国在国际市场上具有明显比较优势的产品，主要集中在轻工、纺织、机械等传统产业领域。这些行业带动效应强、产业关联度大、国际市场占有率高，是支撑我国经济发展的主导力量，也是我国参与国际竞争的生力军。

二是因为传统产业是形成新质生产力的基础。传统产业与新兴产业密不可分、互为促进。一方面，传统产业改造升级需要新技术、软硬件等，为新兴产业发展提供了强大的市场和动能；另一方面，新兴产业发展也依赖传统产业提供的原材料、零部件等作为支撑。在传统产业中，科技的应用往往局限于生产过程的某些环节，而新质生产力则要求我们将科技创新贯穿于整个产业链。这包括采用先进的生产技术、设备和管理系统，提高生产效率、降低成本、减少污染，从而实现产业的绿色发展。同时，科技创新还能推动产品升级换代，满足市场日益多样化和个性化的需求。传统产业的发展模式往往以资源消耗和环境污染为代价，而新质生产力则强调通过模式创新实现资源的优化配置和环境的保护。这些创新模式不仅有助于提升产业的整体竞争力，还能为经济社会的可持续发展提供有力支撑。

三是因为传统产业的升级是激发新质生产力的关键。发展新质生产力，并非意味着我们要忽视或放弃传统产业。相反，它是在传统产业的基础上，通过科技创新、模式创新和产业升级，推动生产力的质的飞跃。新质生产力是摆脱传统经济增长方式、生产力发展路径，由技术革命性突破、生产要素创新性配置、产业深度转型升级催生的生产力。要正视我国传统产业存在的诸多问题，比如低端产能过剩、高端供给不足、产业基础不牢、创新能力薄弱等。在要素成本上升、资源约束趋紧等大背景下，传统产业的比较优势逐步消失。

只有靠技术创新、要素创新等，才能催生传统产业重塑竞争新优势。依托新质生产力，传统产业不断进行结构调整、优化升级。通过产业升级，可以实现产业的由大到强、由弱到强的转变，推动传统产业优势领域巩固长板优势，加快转型升级，从而以科技创新推动产业创新，催生新产业、新模式、新动能，发展新质生产力。

64. 为什么发展新质生产力要突出构建以现代制造业为骨干的现代化产业体系这个重点？

现代制造业是科技创新的主阵地，是建设现代化产业体系的重点和难点所在，也是新质生产力发展的重点。要聚力自立自强、全链治理、数实融合、内外循环，加快建设以现代制造业为骨干的现代化产业体系，彰显国家综合实力和核心竞争力。

加快构建以现代制造业为骨干的现代化产业体系，是加快新质生产力发展的必然要求。新质生产力归根结底是要落实到产业上，其中以现代制造业为骨干的现代化产业体系是发展新质生产力的主要阵地。工业是技术创新的主战场，是创新活动最活跃、创新成果最丰富、创新应用最集中、创新溢出效应最强的领域。5G、载人航天、大飞机等领域取得一批重大标志性成果，关键材料保障能力大幅提升，有力支撑国家重大战略实施和质量强国、航天强国、交通强国、网络强国、数字中国建设。现代制造业具有技术先进、组织形态先进等鲜明特征，能有效降低生产成本和交易成本，更能打造竞争新优势。高端要素引发的创新是产业在全球价值链地位跃升的主要动力，而先进的制造业集群具有较大的行业影响力、先进的技术创新体系、高效协助的网络组织结构，这些特征使得现代制造业集群更具备吸引高端要素的能力，从而更容易实现价值链攀升，加快推进新质生产力发展。

加快构建以现代制造业为骨干的现代化产业体系，是推进新质生产力跨区域融合发展的现实需要。现代制造业在新型基础设施建设、产学研一体化创新平台等方面都具有一定优势，能够有效实现规模经济和范围经济，有利于创立区域品牌。区域品牌代表了区域的产业优势和产品特点，有利于产业链的水平分工和垂直整合，加速实现国内产业循环，同时有利于节约交易成本。紧密高效的网络协助和较高的开放合作水平，有利于先进企业深入嵌入全球产业链价值分工，实现高水平高质量的引进和输出，增强国际影响力，并能超越行政边界限制，有效促进跨区域融合发展。

加快构建以现代制造业为骨干的现代化产业体系，有利于提升新质生产力发展的效率。以现代制造业为骨干的现代化产业体系具有高效运行的治理机制，能够协调产业集群行为主体间的多元化关系。促进集群成员的合作交流，并且能够具有进行牵线搭桥的第三方组织，还能带领集群成员发起集群动议，实施集群集体统一行动，提升产业集群整体效率。现代制造业可以使得企业在低碳可持续发展方面形成绿色发展共识，在注重经济效益的同时，也注重社会责任的履行。现代制造业能够有力促进中国经济向生态型经济转型。

制造业是我国产业的优势和竞争力的关键所在,是实体经济发展的主战场,在现代化产业体系中具有核心和主导地位。中国制造业拥有较强的综合成本竞争力、超大规模的市场需求、体系配套完整的产业链供应链、高效的新型举国体制以及高质量的人力资源等优势,而且在今后一个时期,这些优势还将进一步增强,彰显了中国制造业的发展韧性和竞争力。总之,培育世界级现代制造业是实现中国制造业高质量发展的必由之路。现代制造业组织治理效率的高低会作用于产业链的发展,对于实现中国经济高质量发展将会起着十分重要的作用。现代制造业凭借发展的根植性、组织结构的网络化、产业坚定不移做强做优做大,全面提升产业基础高级化和产业链现代化水平,加快实现产业体系升级发展。

65. 为什么发展新质生产力要探索发展现代制造业?

制造业是我国的立国之本、强国之基。现代制造业是高质量发展的重中之重,是形成新质生产力的重要阵地和主要战场。发展新质生产力必须探索发展现代制造业。

现代制造业是新质生产力的重要依托。新质生产力代表先进生产力的演进方向,是由技术革命性突破、生产要素创新性配置、产业深度转型升级而催生的先进生产力质态。新质生产力与现代制造业之间存在紧密的关系,现代制造业为新质生产力提供了技术支撑和实现途径，而新质生产力促使现代制造业不断进行技术革新和转型升级，推动制造业向更高效、更灵活、更智能的方向发展。新质生产力以劳动者、劳动资料、劳动对象及其优化组合的跃升为基本内涵，代表着更高的全要素生产率水平，具有强大发展动能，能够引领现代制造业高质量发展。

现代制造业技术是发展新质生产力的动力源。作为先进生产力的代表，现代制造业技术是新质生产力的主要劳动资料，为新质生产力提供源源不断的动力。发展和应用现代制造业技术是推动新质生产力发展的重要途径，新一代信息技术、现代制造业技术、新材料技术等融合应用，孕育出一大批更智能、更高效、更低碳、更安全的新型生产工具，削弱了自然条件对生产活动的限制，极大拓展了生产空间，为形成新质生产力提供了物质条件。

现代制造业人才队伍是发展新质生产力的能动要素。人才在创造和发展新质生产力中具有决定作用，只有依靠高素质的劳动力才能熟练掌握和应用新型生产工具来改造新型生产对象，劳动者的素质直接决定了多种生产要素配置组合的效率和生产力质态跃升水平。发展新质生产力关键依靠创新驱动，而创新驱动本质上是人才驱动。现代制造业依托专业人才培养体系和人才引进政策，目前已具备高素质的人才队伍基础，发展新质生产力可以从中引进高精尖人才以突破关键性核心技术、引进应用型人才以最大化发挥新质生产资料价值，为新产业、新业态提供智力支撑。

66. 为什么发展新质生产力要探索发展战略性新兴产业？

2023年9月，习近平总书记在黑龙江考察时指出，整合科技创新资源，引领发展战略性新兴产业和未来产业，加快形成新质生产力。新质生产力有别于传统生产力，涉及领域新、科技含量高，与"战略性新兴产业"和"未来产业"息息相关。加快形成新质生产力，就要在深入把握习近平总书记关于新质生产力重要论述的基本内涵基础上，积极探索发展战略性新兴产业，构筑新的现代化经济体系的美好现实场景。

发展战略性新兴产业是促成新质生产力生成的现实要求。促成新质生产力生成，就要在加快经济发展方式变革中重视科技创新和前沿布局。任何区域或产业发展，都要面向前沿领域及早布局，提前谋划领先型技术，夯实未来发展的科技基础，这是不容错过的重要战略机遇，也是抢占实现高质量发展的制高点、培育竞争新优势的"先手棋"。

战略性新兴产业是在国际新发展竞争中取得主动权的关键。近年来，世界主要发达国家聚焦新能源、新一代信息技术、新材料、现代制造业等产业，试图通过多维资源整合，争夺新一轮科技革命和产业变革发展先机。在技术方面，协同多主体展开关键核心技术攻关，畅通产业链上下游环节堵点。要在激烈的竞争中取得胜利，大力发展新质生产力，就必须加快发展战略性新兴产业。

发展战略性新兴产业是迎接新质生产力发展挑战的客观需要。一是产业链关键环节技术瓶颈亟待突破。战略性新兴产业链上下游畅通的基础是关键环节技术自主可控，然而目前大量"卡脖子"、国产化替代难题，存在于战略性新兴产业链薄弱环节和细分领域中。比如，我国数字化基础技术薄弱，自动控制与感知、核心软硬件等基础研发环节存在"空白"，致使基础研究、技术研发、工程应用、产业化协同的创新全链阻点重重。二是大中小企业共建共享协同效应需深化。战略性新兴产业高质量发展需要依托大企业带动、中小企业配套的良性协同模式。三是区域之间错位发展协同水平较低。随着优势产业空间布局逐渐清晰，多地政府仍基于前期的政绩考评方法，采用"大包大揽"的产业规划模式，忽视深耕优势、细分赛道的重要性，易伴生产业同质化竞争的隐忧。四是国际合作关系的不稳定因素显著增加。当前，国际社会动荡源和风险点显著增多，战略性新兴产业安全稳定发展面临更多挑战。从国际产业分工体系来看，各国大力推动产业链关键环节回流。

综上所述，发展新质生产力要积极培育战略性新兴产业。形成新质生产力，根基在实体经济，方向是产业升级。高质量发展阶段，以新能源、现代制造业、电子信息为代表的战略性新兴产业和以类脑智能、量子信息、基因技术、未来网络等前沿科技为代表的未来产业亟待大力培育与发展。在此背景下，一是需要着力提升基础软硬件、关键基础材料和生产装备的供给水平，强化核心产品自给保障能力；二是需要坚持问题导向和系统观念，试点培育一批战略性新兴产业与未来产业先导区，切实解决新兴产业发展中产生的各类实际问题；三是需要加强地方战略性新兴产业与未来产业项目的窗口指导，引导地方在建设新兴产业链过程中差异化布局、互补式发展。

67. 为什么发展新质生产力要布局建设未来产业？

习近平总书记强调："要及时将科技创新成果应用到具体产业和产业链上，改造提升传统产业，培育壮大新兴产业，布局建设未来产业，完善现代化产业体系。"[①]未来产业代表新一轮科技革命与产业变革的发展方向，是重塑全球科技创新版图与产业经济地理格局的先导力量。发展新质生产力要布局未来产业的原因主要有以下两个方面。

一是从全球趋势来看，未来产业是发展新质生产力的重中之重，已成为衡量一个国家科技创新和综合实力的重要标志。未来产业由前沿技术驱动，当前处于孕育萌发阶段或产业化初期，是具有显著战略性、引领性、颠覆性和不确定性的前瞻性新兴产业。未来产业代表新一轮科技革命与产业变革的发展方向，是重塑全球科技创新版图与产业经济地理格局的先导力量。未来产业是发展新质生产力的重中之重，依托颠覆性技术和前沿技术催生新产业、新模式、新动能，为

---

① 习近平：《在中共中央政治局第十一次集体学习时强调 加快发展新质生产力 扎实推进高质量发展》，《人民日报》2024年2月2日。

高质量发展提供强劲推动力、支撑力。未来产业要在前沿创新领域中开辟新赛道、打造新优势，以此作为我国现代化产业体系的新支柱、新引擎。

二是从历史维度来看，谁先赢得了未来谁就赢得了时代。结合全球趋势与历史镜鉴，前瞻布局未来产业、加快形成新质生产力时不我待、刻不容缓，事关中长期全球经济主导权的更替、国家竞争新优势的兴衰，将成为新一轮大国经济竞争的重要战场。

从国内形势来看，新质生产力是在新一轮科技革命与我国加快新旧动能转换的历史性交汇中逐步孕育形成，依托颠覆性技术和前沿技术催生新产业、新模式、新动能，为高质量发展提供强劲推动力、支撑力。当前，我国经济发展正处于增长速度换挡期、结构调整阵痛期、前期刺激政策消化期、改革攻坚克难推进期等多期叠加阶段，亟须加快转变经济发展方式，打造更先进的新质生产力，从更多依靠增加要素数量的"外延式增长"，转向更多依靠创新驱动的"内涵型增长"。技术密集度高、成长潜力大、带动能力强、发展空间广的未来产业是新质生产力发展的重要体现。相比传统生产要素，未来产业更多凸显技术、数据、信息、知识等新型生产要素的密集投入，将推动生产函数发生质的变化、全要素生产率大幅提升，推动我国经济从更多依靠原有支柱产业的持续扩张转向更多依靠新兴支柱产业的培育壮大，为建设现代化产业体系提供坚实的战略支撑。

68. 为什么发展新质生产力要加快推动发展方式绿色低碳转型？

习近平总书记指出，"生态文明是工业文明发展到一定阶段的产物，是实现人与自然和谐发展的新要求"①。支撑人类文明进入生态文明新阶段，必须加快发展新质生产力。面对这一时代课题，习近平总书记作出"新质生产力本身就是绿色生产力"的重大论断，是我们党对马克思主义生产力理论和生态观的又一重大理论创新，也是习近平经济思想和习近平生态文明思想的丰富和发展，为经济社会发展全面绿色转型提供了思想指引和根本遵循。

绿色化是新一轮科技革命和产业变革的重要趋势。新质生产力由技术革命性突破、生产要素创新性配置、产业深度转型升级催生，科技创新是发展新质生产力的核心要素。当前，绿色化已成为新一轮科技革命和产业变革中最富前景的发展领域之一。伴随越来越多具有原创性、颠覆性、前沿性绿色科技创新成果的涌现，绿色新兴产业和未来产业正在全球范围蓬勃兴起，绿色科技创新在促进循环经济发展、培育壮大绿色产业中发挥着越来越重要的作用。培育和发展新质生产力，一个重要方面在于不断强化绿色科技创新的力度、广度、深度，紧紧抓住全球绿色经济、绿色技术、绿色产业快速发展的机遇，以发展方式创新推动全面绿色转型，持续做强绿色制造业，发展

---

① 习近平：《谈生态文明10大金句》，《人民日报海外版》2018年5月23日。

绿色服务业，壮大绿色能源产业，发展绿色低碳产业和供应链，着力构建绿色低碳循环经济体系，不断提升经济发展的含金量和含绿量。

新质生产力具有绿色低碳高质量发展的内在属性。新质生产力具有高科技、高效能、高质量特征。培育和发展新质生产力，一个重要目的就在于改变传统生产力发展中高投入、高消耗、高污染、低效益的粗放模式，实现资源节约、环境友好的发展。新质生产力以劳动者、劳动资料、劳动对象及其优化组合的跃升为基本内涵，对劳动者、劳动资料、劳动对象都提出新的更高要求。培育和发展新质生产力，离不开人力资本的积累，需要一支与现代科技进步、现代产业发展相适应的高素质劳动者队伍；需要科技含量更高、更加节能环保的劳动资料；需要绿色科技迭代发展，不断丰富劳动对象的种类和形态，拓展生产新边界，创造生产新空间。在这一过程中，一大批绿色新兴产业快速发展壮大，成为创造经济新价值的新领域。培育和发展新质生产力，就要发展资源节约型、环境友好型产业，加快推动发展方式绿色低碳转型，大力推进产业数字化、智能化同绿色化的深度融合，以绿色发展新成效持续激发新质生产力发展新动能。

加快发展以绿色为鲜明特征的新质生产力，对于促进经济社会发展全面绿色转型具有重要支撑和引领作用。当前，我国生态环境稳中向好的基础还不稳固，仍处于压力叠加、负重前行的关键时期。要坚持精准治污、科学治污、依法治污，大力实施节能减排，全面加强资源节约集约循环利用，拓展生态产品价值实现路径，推动减污降碳协同增效，加快形成绿色生产方式和生活方式，推动生态环境质量改善实现由量变到质变。

地球是人类的共同家园，面对全球性环境和气候危机，没有国家可以置身事外。中国是全球生态文明建设的参与者、贡献者、引领者。我们要坚定落实"双碳"承诺，以自身行动为全球应对气候变化做出贡献，同时也要发挥自身优势，为全球提供清洁能源产品装备和可持续发展方案。

69. 为什么加快发展新质生产力要处理好产学研关系？

处理好产学研关系是加快培育和发展新质生产力的现实突破点。党的二十大报告明确提出要加快实施创新驱动发展战略，要求"加强企业主导的产学研深度融合，强化目标导向，提高科技成果转化和产业化水平"。这就要求我们要进一步提高政治站位，将推动处理好产学研关系作为战略性工作加以推进，同时创新思路与办法，以科技创新推动产业创新，加快培育和发展新质生产力，争取在推动处理好产学研关系上取得新的更大进展。

一是处理好产学研关系是推动生产力跃迁的本质需要。处理好产学研关系为我们深刻认识新质生产力的内涵、培育新质生产力提供了重要的视角和途径。处理好产学研关系是以解决重大科学问题和社会实践问题为导向，通过政府、市场、高校、科研院所等多主体深度合作，实现多种类型知识整合、再创新的过程。处理好产学研关系要求围绕重大问题的解决，打破学科知识与非学科知识、理论知识与实践知识、隐性知识与显性知识的边界，构建新的知识体系，实现多种类型知识的整合和再创新，推动科技创新与生产实践的紧密结合。处理好产学研关系推动了被动创新向主动的、引领式创新转变。传统的创新往往是对各领域问题修修补补式的被动创新，而处理好产学研关系是以解决制约行业发展的共性、关键核心技术以及发展前沿问题为特征的，是主动的、引领式的创新。处理好产学研关系要推动个别性创新向系统化创新转变。处理好产学研关系要求多种生产要素协同合作，实现科学理论、生产工艺、产品、设备等的系统性创新，使得创新成果更加多元、系统，并促进更多从0到1的创新成果涌现。处理好产学研关系也促进了劳动者的演变，使其跨越各自的学科和组织围墙，围绕重大问题的解决，形成新的超学科团队，在深度合作中实现优势互补，释放协同创新的潜能。由此，生产力发生质变，跃迁为新质生产力。

二是产学研是推动新质生产力发展的关键路径。实则这体现的是研学产，即通过目前已有的资源对新的事物、产业、技术等方面进行研究，结合高等院校、实验室、院所等单位，一方面培育高质量人才，一方面研究"新物种"，通过与企业、市场的有效结合，最终完成科技成果的转化，形成新质生产力。从宏观层面来说，新质生产力是一个国家经济发展的新起点、新动能，代表着新时代下大国竞争的发展主动权，其规模和速度取决于当下，决定着未来，其重要性不言而喻。处理好产学研关系是培育新质生产力的重要路径。科技进步是推动生产力发展的重要力量,科技革命和产业革命是促进生产力进步最重要的因素。持续推进产学研融合创新,推动建立以企业为主体、以市场为导向、产学研深度融合的技术创新体系,通过各类主体融通创新,改革科技成果转化机制,促进产业基础能力和产业链现代化能力水平提升,是加快培育和发展新质生产力的重点。自主创新能力不足,很多关键设备、重要零部件和基础材料严重依赖进口,是制约新质生产力的核心难题。解决这一核心难题的关键是推动教育、科技、产业协同创新。

三是处理好产学研的关系,加速新技术从研发到应用的进程,培育先进产业。知识与技术是协同创新系统的第一资源,资源的稀缺性决定了联合研发、技术购买、专利交换等成为新技术扩散的主要路径。通过产学研协同创新,畅通协同创新网络,培育高级化的产业基础。新质生产力依托新科技,落脚点在新产业。要推动科技创新与产业创新的深度融合,发展战略性新兴产业,提前布局未来产业。通过产学研协同创新,健全体制机制,推动数字经济高质量发展。处理好产学研关系能够以解决重大问题为导向,打破学科壁垒,理论学习与现实问题深度融合,培养交叉型、复合型、创新型人才,培养学生的问题意识、分析和解决问题的能力,激发学生学以致用、报效祖国的热情。处理好产学研关系还能够不断为学科发展提供新的问题域,形成新的学科生长点,激发原始创新动力,进而充分利用高校人才和科研优势，攻克制造业关键核心技术和产业共性技术，为产业转型升级、制造业高质量发展以及创新引领式发展提供人才和科技支撑。

当前，处理好产学研关系的弱项和短板，集中表现为处理好产学研关系的内生动力不足。因此，要着重做好以下工作。

首先，要强化现实引领，树立产学研融合新理念。产学研合作，是指企业、高校、科研院所相结合，是科研、教育、生产不同社会分工在功能与资源优势上的协同与集成化，是技术创新上、中、下游的对接与耦合。

其次，要突出服务导向，赋能产学研融合新内涵。要以政府为主导，同时强化企业科技创新主体地位，发挥科技型骨干企业引领支撑作用，打造"政产学研用"协同平台，促进政府、企业、高校、科研院所的有效沟通，实现信息、技术、人才等共享，促进科技创新成果高质高效转化，实现创新驱动发展。

再次，要对接区域发展，创新产学研融合新方法。结合各级各类科技成果转化与创新平台，以科技创新为根基，切实实现政府、企业、高校、社会联通，发挥好高校优势学科、特色学科优势，以基础科学突破和应用技术创新为目标，合理分配资源，利用高科技人才培养支撑区域创新发展，打造服务国家重大战略和区域经济社会发展需求的"政产学研用"深度融合的创新体系。

最后，通过产学研协同创新，健全体制机制，推动数字经济高质量发展,打通基础研究、应用开发、成果转移与产业化的链条,加强中试平台、科技企业孵化器、众创空间等科技中介服务组织建设,加快网络与数据库建设,推进企业数字化转型,为企业技术创新提供良好的公共服务平台。

70. 为什么加快发展新质生产力要处理好市场与政府的关系?

习近平总书记强调:"在社会主义条件下发展市场经济,是我们党的一个伟大创举。我国经济发展获得巨大成功的一个关键因素,就是我们既发挥了市场经济的长处,又发挥了社会主义制度的优越性。"[1]只有坚持市场和政府之间有效配合,处理好两者的关系,才能激励创新,提高生产要素配置效率,加快推动新质生产力发展。

处理好政府和市场关系是加快推进新质生产力发展的主线。党的十八届三中全会提出使市场在资源配置中起决定性作用和更好发挥政府作用,实现了我们党在理论和实践上的又一次重大突破。党的十九大、二十大进一步回答了如何加快完善社会主义市场经济体制的重大问题,为我们理顺政府和市场的关系指明了方向。正是在对政府和市场关系的持续探索改革中,我国的生产力水平得以不断提升,生产力发展牵引和带动其他领域改革不断向前推进。但加快新质生产力发展是一个系统工程,涉及市场体系、企业制度、宏观管理、财政金融等诸多方面。其中,政府和市场关系居于核心位置,影响其他

---

[1] 习近平:《不断开拓当代中国马克思主义政治经济学新境界》,《求是》2020年8月15日。

各方面的发展。当前,各地区各部门按照中央部署,因地制宜培育和发展新质生产力,新质生产力发展已经在实践中彰显出巨大威力。但也要看到,发展质量和效益还需要进一步提升,创新能力不够强等。只有把政府和市场关系这个具有全局性和牵引作用的改革牢牢抓在手上,协调处理好两者的关系,才能全面推动各领域改革向纵深迈进,加快新质生产力发展。

发挥市场在资源配置中起决定性作用是加快发展新质生产力的关键。社会主义市场经济理论的一个重大突破就是市场在资源配置中起决定性作用,这个反映了我们党对市场作用的认识不断深化。市场决定资源配置是市场经济的一般规律,也是价值规律发挥作用的基本要求。新质生产力发展就是要提高资源配置效率,以尽可能少的资源生产尽可能多的产品、获得尽可能大的效益。首先,使市场在资源配置中起决定性作用突出了问题导向。改革开放 40 多年来,我国社会主义市场经济体制经历了逐步确立和不断完善的过程。但当前仍然存在不少束缚市场主体活力、阻碍市场和价值规律充分发挥作用的弊端。克服这些问题,才能完善社会主义市场经济体制,转变发展方式。其次,使市场在资源配置中起决定性作用,有利于从广度和深度上推进市场化改革,建设现代化经济体系,加快新质生产力发展。

发挥政府作用是发展新质生产力的突出优势。政府和市场关系在不同的社会制度和不同的国家各不相同。我国的经济体制是社会主义市场经济体制,实践中就必须充分发挥社会主义制度的优越性,坚持中国共产党的领导，更好发挥政府的作用，有效防范资本主义市场经济产生的弊端。发挥政府作用，推进生产力发展，维护市场的稳定，提高发展的质量效益，充分体现了社会主义制度的优越性。因为市场虽然在资源配置中起决定性作用，但并不是起全部作用，市场经济存在局部失灵问题以及盲目性、自发性和滞后性的弊端，容易产生贫富分化和经济波动等问题。更好发挥政府作用是为了解放和发展社会生产力，创造更多的物质财富，为解决好不平衡不充分的发展问题奠定良好的物质基础，以此更好满足人民日益增长的美好生活需要，不断促进人的全面发展和全体人民共同富裕。

把政府和市场更好结合起来。发展社会主义市场经济是我们党的一个伟大创造，关键是处理好政府和市场的关系，使市场在资源配置中起决定性作用，更好发挥政府作用，这也是加快发展新质生产力的必然要求。在如何发挥市场作用和政府作用的问题上，要落实好习近平总书记的指示要求，坚持辩证法、两点论，切实把政府和市场有机结合起来，着力形成市场作用和政府作用有机统一、相互补充、相互协调、相互促进的格局，努力提高党驾驭社会主义市场经济的能力和水平，促进新质生产力加快发展。

71. 为什么加快发展新质生产力要正确处理好短期和中长期的关系？

发展新质生产力要防止一哄而上、泡沫化，也不要搞一种模式。要统筹推进科技创新和产业创新，加强科技成果转化应用，推动传统产业转型升级，发展战略性新兴产业，布局建设未来产业，加快建设现代化产业体系。

首先，坚持着眼长远发展新质生产力。发展新质生产力是一项长期的系统工程，需要统筹考虑生产要素协调发展、资源环境刚性约束、生产关系与之适应等方面，并纳入经济社会发展的总体目标，做到短期任务和长远规划相贯通。搞好顶层设计和长远谋划，要胸怀久久为功的战略定力，坚持"四个面向"和产业高端化、智能化、绿色化导向，加大基础研究投入，特别对短期内不能马上转化为生产力的前瞻性课题，也要持续开展预研布局，支持新质生产力从"萌芽"长成"参天大树"，引领未来产业先发优势。要与时俱进创新经济、科技、人才管理的体制机制，强化企业的市场主体地位，树立"人人都是营商环境、事事都是营商环境"的思维，依据市场化法治化准则，精简优化政务服务办事流程，完善要素自由流动的便利措施，打通阻碍新质生产力生成的堵点断点难点，塑造更加顺畅高效的生产关系。

其次，关注短期新质生产力的重点发展。新质生产力的发展是一个长期的过程，或者说新质生产力的发展是无止境的。从短期来看，发展新质生产力的重点应放在科技创新的"卡脖子"领域，以提高产业链供应链的韧性和安全水平为努力方向。从中长期来看，描绘好新质生产力的未来发展蓝图至关重要。由于未来的不确定性，这样的蓝图必然是与时俱进的，要根据时势发展的变化而不断修正。一般来说，短期问题比较容易看清，新质生产力发展方向比较容易确定；而中长期发展方向的确定需要"干中学"，需要在跟踪和引领世界科技前沿中，不断地加以优化。短期问题有许多是通过模仿发达国家走过的路就可以解决的，但如果一味地模仿，那么要在科技创新上超越发达国家是很难做到的，因此要有针对性地开辟弯道超车的新路。中长期发展方向的选择难度更大，且不太可能有一定终身的科技创新规划。

最后，处理好中长期与短期的关系，加快推进新质生产力发展。在着眼长远推进新质生产力发展的同时，要切实抓好当前一个时期或者短期内新质生产力发展的重点，解决好面临的突出问题，为长期发展奠定坚实基础。发展永无止境，创新永不停步。新质生产力是代表新技术、创造新价值、适应新产业、重塑新动能的新型生产力，只要我们勇于解放思想、坚定历史自信、把握正确方向，就一定能不断谱写高质量发展的崭新篇章。

72. 推进新质生产力如何进行政策协同？

习近平总书记指出："发展新质生产力，必须进一步全面深化改革，形成与之相适应的新型生产关系。"[1]贯彻落实习近平总书记重要讲话精神，必须通过进一步全面深化改革为发展新质生产力扫除障碍，推动政府、企业、高校和科研机构等多方面的协同努力，加快培育和发展新质生产力，为经济社会的持续繁荣和进步做出积极贡献。

---

[1] 习近平：《在中共中央政治局第十一次集体学习时强调 加快发展新质生产力 扎实推进高质量发展》，《人民日报》2024年2月2日。

为了促进新质生产力的发展，政策协同至关重要。

一是制定统一的战略规划和协同制度。政府制定统一的新质生产力发展目标、战略重点和路径选择。通过全面深化改革创新生产要素配置方式，建立与完善新的生产关系制度，建立跨部门、跨地区的政策沟通机制，定期召开政策协调会议，促进资源共享和优势互补。推动线上沟通与线下沟通相结合，提高跨区域跨部门沟通的效率。建立沟通和协调的数据库，搭建沟通的平台。要明确责任划分，加强统一领导，建立沟通协调的组织机构，保证沟通协调的内容有效落实。

二是优化政策环境，加快建设现代化产业体系。深化"放管服"改革，简化行政审批流程，降低企业创新成本。同时，加强知识产权保护，激发企业创新活力。二十届中央财经委员会第一次会议提出"推进产业智能化、绿色化、融合化，建设具有完整性、先进性、安全性的现代化产业体系"。按照这种部署和要求，在推动产业智能化发展方面，积极推进产业数字化、数字产业化，尽快突破人工智能多场景应用技术，组织研发更多大、中、小型智能装备，推进智能制造，建设更多智能工厂，为发展新质生产力赋能助力。在推动产业绿色化发展方面，要坚定不移走生态优先、绿色发展之路，组织研发更多绿色低碳技术，加快发展绿色低碳产业，积极发展绿色金融，充分利用市场化手段，加快先进绿色技术推广应用。在推动产业融合化发展方面，我们要以人工智能、云计算、区块链、大数据等为代表的数字技术为支撑，努力推动更多产业相互融合，催生新产业、新业态和新模式，培育新质生产力增长点。

三是改善创新财政金融协同方式和效率。通过设立专项基金、提供税收减免等优惠政策，支持新质生产力领域的企业研发创新和市场拓展。锚定发展新质生产力，要重点围绕科技创新全链条对财政金融的差异化需求，创新协同方式，提高支持效率。财政支持科技创新的重点就可能需要从财政科技支出的结构和方式优化着手，通过优化财政科技资源的配置效率提高财政支出效能。深化金融供给侧改革，在不断提高直接融资比重的同时，创新金融工具，合理分配风险，提高支持科技创新的精准性。要围绕我国经济发展和安全的产业链，合理布局相关创新链财政金融的发力点，动态进行"补短板"和"锻长板"。以重大科技项目为标的，加强财政金融的保障力度。深化科创板改革，完善多层次资本市场，推动融资链和创新链的匹配衔接。

四是推动产学研深度融合。从建设高质量教育体系出发，统筹推进教育强国与科技强国、人才强国建设，建设一批世界一流的研究型大学，培养数量充足的高质量研究型科技创新人才，以支撑我们未来高水平科技自立自强，加快新质生产力发展步伐。鼓励高校、科研院所与企业开展产学研合作，共同研发新技术、新产品。通过共建实验室、技术转移中心等机构，实现科技成果的快速转化和应用。集中力量促进颠覆性技术和前沿技术创新突破。结合国民经济高质量发展的实际需要，在推进重大关键核心技术创新方面，紧跟世界科技创新潮流，瞄准最前沿的创新发展需要，解放思想，大胆作为，想方设法组织世界一流的专业技术团队，统筹谋划并锁定一批颠覆性技术与前沿技术，充分发挥我们集中力量办大事的体制优势，组织足够规模的专业创新队伍，并给予政策、资金、激励机制等多方面的长期稳定支持，开展重大关键核心技术攻关。一旦在相关专业领域研发成功一批颠覆性技术与前沿技术，并及时进行市场化推广应用，形成新的产业及产业集群，就有可能成为发展新质生产力新的爆发点。

五是加强国际合作与交流。积极参与国际科技竞争与合作，引进国外先进技术和管理经验，提升我国新质生产力的国际竞争力。同时，鼓励企业"走出去"，在国际市场上展示我国的新质生产力成果。按照党的二十大的战略部署，坚持高水平开放发展，以更加开阔的国际视野、更加包容的中国式思维、更加虚心的学习精神，建立健全多元化的国际开放合作网络，发挥大国外交的优势，积极参与全球双边和多边合作机制，持续拓展科技人文交流和友好合作的广度和深度，完善具有全球竞争力的开放创新生态体系。学习借鉴发达国家的建议与做法，加大对高端国际人才培养和交流合作的投入力度，以更加优惠的方法吸引海外高层次人才来我国从事科研或科技合作，积极鼓励青年科技人才走出去，为提升我国科技创新能力、实现高水平科技自立自强助力。

六是建立评估与反馈机制。定期对新质生产力政策进行评估和总结，及时发现问题并提出改进措施。通过建立反馈机制，确保政策能够持续优化，更好地适应新质生产力发展的需要。结合科技创新评价体系改革创新与经济高质量发展的实际，主要以科技创新、人才集聚、战略性新兴产业、未来产业发展规模与占比等为一级指标,细化部分二级指标,探索建立新质生产力发展考核评价体系,通过数量化指标的对比,激励全社会更加重视新质生产力的发展,激发各地在新质生产力发展方面各展所长、大胆探索,有效释放相关生产要素的创新创造能力。

73. 如何加快形成"虚实交融"的新质生产力?

习近平总书记强调,"促进数字技术和实体经济深度融合,赋能传统产业转型升级,催生新产业新业态新模式"①"要把握数字化、网络化、智能化方向,推动制造业、服务业、农业等产业数字化,利用互联网新技术对传统产业进行全方位、全链条的改造,提高全要素生产率,发挥数字技术对经济发展的放大、叠加、倍增作用"。②这为进一步发挥虚实融合在形成新质生产力中的重要作用,指明了方向路径。

新质生产力是传统生产力的进化,是融合数字生产力和物理生产力的先进生产力。推动新质生产力发展的关键,在于通用技术和专用技术的跨领域交叉发展,其中数字基础设施建设至关重要。宽带网络、云计算、大数据中心、物联网基础设施、人工智能等技术支撑新质生产力的发展。这些技术的发展带来了新的发展趋势,如云计算优化算力分配、大数据技术延伸至数据管理和安全流通、人工智能

---

① 习近平:《不断做强做优做大我国数字经济》,《求是》2022年第2期。
② 习近平:《不断做强做优做大我国数字经济》,《求是》2022年第2期。

技术不断演进等。在经济转型的关键时刻，必须进一步加强对数字科技的投入，进一步形成"数据（新型生产要素）＋算法（新型劳动工具）＋算力（新型劳动主体）"驱动的新型经济发展模式。

建设产业互联网是实现虚实交融和优化的途径，可以推动产业数字化、智能化和高效化，进而推动新质生产力的涌现。农业互联网、工业互联网、服务互联网是三个主要方向。农业互联网是利用互联网、物联网、大数据等技术，为农业生产、经营、管理提供信息化、智能化支持的新型农业生产模式，如智能灌溉、农产品溯源、农业物流管理、农产品电商平台等应用。工业互联网促进制造业数字化转型，优化生产结构。服务互联网提升服务效率，拓展服务范围，如金融行业面向场景构建金融服务生态圈，打造精准感知、全渠道融合的数字应用模式。

虚实融合发展将通过创新和合作，推进数字经济与实体经济相互促进，共同推动新质生产力发展。

一是坚持"以数强实"。将做实做强做优实体经济摆在重要位置，围绕数实融合过程中产业变革、企业创新、组织革新、技术进步、产业链升级、场景创造等，推动形成更多产业新模式与企业新形态。要遵循产业和企业发展规律，打造开放开源的创新生态，在重点领域加快形成平台化设计、数字化管理、智能化制造、网络化协同、全链条循环的数实融合生态，推动新业态新模式新产品蓬勃发展，引导和支持传统产业加快应用先进适用技术，大力培育专精特新企业和制造业单项冠军企业。

二是强化引领示范。打造一批高质量的工业互联网平台、数字工厂、算力中心，加快推广集成化、标准化、模块化运用，提供行业系统解决方案；推动智慧园区建设，支持重点经济开发区数字化改造，建立科学的数实融合评价体系，推广标杆建设经验；加快数实融合在先进产业集群的创新实践，打造一批具有鲜明特色的数实融合发展试验区，深化国家数字经济创新发展试验区建设，打造具有国际竞争力的数字产业集群。

三是进一步推动开放创新。数实融合必须着眼于推动国内国际双循环相互促进，实施动态开放、内外联动的融合。要学习借鉴其他国家在数实融合领域的先进理念、经验做法，推进创新链、产业链、资金链、人才链"四链"融合，强化企业科技创新主体地位，支持企业深度参与全球产业分工与合作，嵌入全球创新网络，提升话语权和竞争力。支持有条件的企业加快人工智能技术创新、知识创新、应用创新，利用我国市场规模大、应用场景丰富等优势，加快人工智能与实体经济融合步伐，开辟新领域、新赛道。

四是提升政策保障力度。完善顶层规划设计，坚持整体谋划、稳中求进、循序渐进，增强实体经济与数字经济各领域各行业之间、产业链供应链之间的政策系统性、协同性。要大力优化新型基础设施的管理措施，提升数字治理现代化水平，从全球视野布局产业链供应链，大力培养数字化规划、工业数据分析、工业互联等方向的专业技术人才，为数实深度融合提供人才支撑。

74. 怎样打通束缚新质生产力发展的堵点卡点？

加快形成新质生产力，既是发展命题，也是改革命题。2024年全国两会期间，习近平总书记在参加江苏代表团审议时指出："深化科技体制、教育体制、人才体制等改革，打通束缚新质生产力发展的堵点卡点。"以教育、科技、人才协同建设推动新质生产力发展，在实践中要破除制度藩篱、疏通机制性梗阻、作出政策性创新，打通新质生产力发展的堵点卡点。

全面深化科技体制改革。科技成果转化是一个复杂的系统工程，需要多方"接力"才能完成从科学研究、实验开发到推广应用的实践过程。因此，推动新质生产力发展必须在深化科技体制改革上下大力气，打通科技成果转化的堵点卡点。聚焦科学研究场域，给予科研单位更多自主权，赋予科学家更大技术路线决定权和经费使用权，让科研单位和科研人员从不必要的体制机制束缚中解放出来。聚焦推广应用场域，健全科技成果使用、处置和收益管理制度，打通科技成果转化应用通道，推动企业主导的处理好产学研关系，不断提高科技成果转化和产业化水平。

深化教育体制改革。习近平总书记指出："要根据科技发展新趋势，优化高等学校学科设置、人才培养模式，为发展新质生产力、推动高质量发展培养急需人才。"[①]围绕国家战略和行业需求，调整优化

---

① 习近平：《在中共中央政治局第十一次集体学习时强调 加快发展新质生产力 扎实推进高质量发展》，《人民日报》2024年2月2日。

新质生产力学习问答

高校学科布局、学科结构、专业设置，推动传统学科专业迭代升级，使其在学科布局和专业设置上更具科学性和前瞻性，加快培养更多重点领域急需紧缺人才。深化人才培养模式改革，大力推动职业教育产教融合、校企合作，鼓励各类人才走进企业工厂、研究院所，开展顶岗实习实训、项目孵化等实操活动，使人才充分掌握产业前沿技术，培育一批具有工匠精神的高素质技术技能人才。

深化人才体制改革。人才是创新的根基，是创新的核心要素。新质生产力作为创新起主导作用的先进生产力质态，离不开一大批拔尖创新人才，必须在人才体制改革方面下更大功夫。完善人才评价体系，加快构建以创新价值、能力、贡献为导向的人才评价体系，实行分类评价，突出品德评价，更加重视人才评价中的成果质量、价值贡献和学术道德。完善人才管理制度，给予人才充分的信任、宽松的成长环境，营造鼓励创新、宽容失败的良好氛围，为人才干事创业提供广阔空间。深化人才使用机制改革，按照"人岗相适，用当其位"的原则用好人才，落实好关键核心技术"揭榜挂帅"和"赛马"等制度，使更多"千里马"脱颖而出，进一步点燃创新引擎。发挥多种所有制市场主体积极性，创新要素市场化配置，是赋能新质生产力的基础动力。为此，要坚持以公有制为主体，充分发挥国有经济战略支撑作用，促进民营经济发展壮大，有序推进混合所有制经济发展。要深化要素市场化改革，打破要素流动市场壁垒，激发数据、技术、知识、管理、资源环境等先进优质生产要素在建设统一开放、竞争有序市场体系中的活力，让各类先进优质生产要素向发展新质生产力顺畅流动。

75. 如何让各类先进优质生产要素向发展新质生产力顺畅流动？

2024年1月31日，习近平总书记在二十届中央政治局第十一次集体学习时指出："要深化经济体制、科技体制等改革，着力打通束缚新质生产力发展的堵点卡点，建立高标准市场体系，创新生产要素配置方式，让各类先进优质生产要素向发展新质生产力顺畅流动。"要把握新质生产力的催生机理，进一步全面深化改革、扩大高水平对外开放、加强科技创新引领，汇聚并增强高质量发展动力，才能让各类先进优质生产要素向发展新质生产力顺畅流动，为生产力跃迁创造制度条件、赢得发展空间、提供核心支撑。

一是进一步全面深化改革形成新型生产关系。生产力的进步必然推动生产关系的改进，改进后的生产关系反过来又推进生产力发展。发展新质生产力，需要进一步全面深化改革，形成与之相适应的新型生产关系。通过深化改革打通束缚新质生产力培育发展的堵点卡点，畅通发展路径，要按照新质生产力发展要求，着力构建促进技术革命性突破、生产要素创新性配置、产业深度转型升级的体制机制，推动劳动者、劳动资料、劳动对象及其优化组合的跃升。

二是深化科技体制改革，推动技术革命性突破。科技体制是科技改革的关键。当前，全球科技创新交叉融合、多点突破、密集活跃，我们必须抢抓新一轮科技革命和产业变革战略机遇，强化推动技术革命性、颠覆性突破的制度保障。要深入研究我国科技体制改革的历史经验，围绕党的二十大关于科技发展的要求，加快完善新型举国体制，强化国家战略科技力量，提升国家创新体系整体效能。要着眼深层次联合融合，持续优化协同创新机制，加强关键核心技术联合攻关，抓住数字关键核心技术自主创新"牛鼻子"，促进数字技术先行突破。要突出战略性新兴产业，关注未来产业，推行创新攻关"揭榜挂帅""赛马"机制，形成有利于催生新质生产力的新型科研组织模式和资源配置方式。

三是推进要素市场化改革，促进生产要素创新性配置。实现土地、资本、技术、数据等要素高效流转，建立高标准市场体系，是促进生产要素创新性配置的重要基础。重点是加快建设全国统一大市场，有效降低制度性成本，健全各类生产要素由市场评价贡献、按贡献决定报酬的机制，促使各类优质生产要素向发展新质生产力顺畅流动，全面提升生产要素配置效率，大幅提升全要素生产率。

四是构建有利于产业智能化、绿色化、融合化的体制机制，实现产业深度转型升级。持续完善产业体系融合化体制机制，持续推动信息化和工业化融合发展，推动产业之间、区域之间、大中小企业之间、上下游环节之间高度协同耦合，形成跨产业、跨区域、全要素、全环节、全过程深度融合、协同发展的格局。健全统筹协调机制，促进全要素生产率大幅提升。聚焦科技创新这个核心，加强战略谋划和系统布局，注重改革联动、制度协同和政策统筹，持续促进要素质量提升和优化组合，大幅提升全要素生产率。

五是扩大高水平对外开放，营造良好国际环境。营造良好的外部环境和具有全球竞争力的开放创新生态，是新质生产力发展的必然要求。要扩大高水平对外开放，构建有助于有效利用国际资本、劳动、技术和数据等生产要素的体制机制，深度参与全球科技产业分工合作。着力推动高水平"引进来""走出去"，更好融入全球市场体系，主动融入全球科技创新网络。着力增强内外联动，坚持对内对外开放相互促进，建设更高水平开放型经济新体制，以高水平对内对外开放推动高质量发展，在构建新发展格局中发展新质生产力。

76. 如何处理好新质生产力和传统生产力之间的关系？

习近平总书记指出："发展新质生产力不是忽视、放弃传统产业，要防止一哄而上、泡沫化，也不要搞一种模式。"[①]传统生产力和新质生产力共同体现一个国家或地区的综合生产力水平。传统生产力是基础，新质生产力是关键。只有落后的技术和产品，没有落后的产业。传统产业利用先进技术进行改造，同样可以成为全世界最高端、最有附加值的新产业。

新质生产力本质上不同于传统生产力。新质生产力以创新为主导，是先进生产力，是对传统生产方式的颠覆性变革，是由技术革命性突破、生产要素创新性配置、产业深度转型升级而催生。传统生产力是按照习惯性标准发展的旧式生产力。发展新质生产力，一定

---

① 习近平：《在参加江苏代表团审议时强调 因地制宜发展新质生产力》，《人民日报》2024年3月6日。

要有标准有门槛有重点。发展新质生产力不能搞文字游戏，或者买点新设备搞形式上的新生产力，必须靠技术的颠覆式创新和新的生产关系深刻变革，重点就是应以发展新技术、用活新要素、培育新产业为基础，积极培育战略性新兴产业和未来产业。

新质生产力和传统生产力有内在联系。新质生产力和传统生产力存在替代和互补关系。传统产业是发展新质生产力的基础和前提，发展新质生产力要建立在传统产业基础之上，不能放弃传统生产力。时代再发展，也要在传统中逐步发展，人们还是离不开衣食住行等最基础、最传统的需求，离不开传统产业。尤其是我国地广人多，经济发展外部环境仍然充满复杂性、严峻性、不确定性，若是急于求成，放弃当前经济占比最大的传统产业，只会加剧发展的不确定性，也会让新兴产业失去稳定根基。要系统设计，坚持稳中求进、以进促稳、先立后破，以确定性应对不确定性，在抓好传统生产力基础上发展新质生产力。当然传统产业也要依靠新质生产力转型升级。传统产业的生产资料、生产对象发生了深刻变化，数字技术、智能工厂等先进的生产力要素，能促进生产效率大幅提升，是做优做强传统产业的重要支撑。要聚焦新型工业化，坚定"智改数转"发展方向，推动制造业从原本比较传统的产业提质升级。新兴技术必将替代传统产业中的落后技术，同时为传统产业注入新的科技基因。传统产业通过技术改造可以成为新兴产业，形成新质生产力。

处理好新质生产力与传统生产力关系，必须正确把握新质生产力发展方向。新质生产力代表了未来一段时期乃至很长时期的生产力的前进方向和必然趋势。传统产业与新兴产业、萌芽中的未来产业并存。我国国土面积广大，各地区发展水平不一样，拥有的人才素质不一样，不同群体收入有较大差距，这些决定了多代产品、多代技术并存于市场。在推进新质生产力发展过程中，要防止单方面强调发展新质生产力，让传统生产力让位，集中精力搞战略性新兴产业和未来产业；或者落入另一个极端，承认传统生产力的地位，却把新质生产力简化为传统生产力的简单升级。新质生产力通过高技术新模式新生态给人类社会带来的影响往往是立体的、全面的、深刻的，既改变着人们的旧思想和旧理念，更改变着人们的生产方式和生活方式，把不可能变为可能，甚至改变一个国家或民族的命运。改革开放后我国推进科技进步，把科技转化到实践中，大力发展生产力，国家综合实力明显增强。因此，我们要因地制宜发展新质生产力，让新兴产业与传统产业相互促进、相得益彰。

77. 发展新质生产力从哪些方面彰显社会主义制度的优越性？

中国特色社会主义制度，符合我国国情，集中体现了中国特色社会主义的特点和优势，是中国发展进步的根本制度保障。在以习近平同志为核心的党中央坚强领导下，新质生产力发展已经在实践中取得明显成效，彰显了中国特色社会主义制度的优越性，最鲜明地体现在以下几个方面。

一是中国共产党的坚强领导。始终坚持党的领导，发挥党总揽全局、协调各方的领导核心作用。坚持中国共产党领导中国革命和建设的宝贵经验，也是中国特色社会主义制度的根本优势。要不断提高党把握方向、谋划全局、提出战略、制定政策、推进发展新质生产力的能力，推动中国特色社会主义事业不断发展进步。

二是广大人民的主体地位。一切为了人民、一切依靠人民是我们党的根本政治立场，是中国特色社会主义制度的重要体现。中国特色社会主义的各项制度，比如，人民代表大会制度，以公有制为主体、多种所有制经济共同发展的基本经济制度和按劳分配为主体、多种分配方式并存的分配制度，这些制度都是以保障人民主体地位为核心的。新质生产力的发展能够满足人民日益增长的美好生活需要，提高人民的生活水平。在推进新质生产力的伟大实践中，必须坚持一切为了人民的理念，毫不动摇地坚持人民主体地位，发挥人民群众的创造性，以此充分调动人民的积极性、主动性、创造性，保持生机勃勃的发展活力，带领全体人民坚定朝着共同富裕目标前进，用推动发展的实际行动赢得广大人民的拥护和支持。

三是社会主义市场经济体制的不断完善。党的十八大以来，我们党高度重视生产力发展，坚持社会主义市场经济改革方向，深入推进市场化改革，充分发挥市场在资源配置中的决定性作用，更好发挥政府作用；充分发挥政府在促进新质生产力发展方面的重要作用，努力形成市场作用和政府作用有机统一。我国不断改进社会主义市场经济体制，为社会生产力的高质量发展和社会进步开辟了前所未有的广阔道路，有力推动了新质生产力和中国式现代化的进程。

四是集中力量办大事的政治优势。新质生产力的发展可以利用我国超大规模市场和强大内需优势,为经济发展提供持续动力。中国特色社会主义制度为科学有效地融合资源推进高质量发展提供了组织基础,使中国共产党和政府拥有强大的集中决策、组织动员和统筹协调能力,形成了中国特色社会主义所独有的集中力量办大事的体制机制优势。凭借这一政治优势,我们党能够及时回应人民的强烈期盼,使民生问题得到极大改善,推动新质生产力发展不断迈上新台阶。

78. 加快形成新质生产力需要哪些方面的制度保障?

习近平总书记指出:"制度优势是一个政党、一个国家的最大优势"①"中国特色社会主义制度是当代中国发展进步的根本保证"②。新质生产力与新型生产关系所构成的新型经济基础决定了新型上层建筑。法律制度作为上层建筑的组成部分,根源于经济基础,同时对经济基础具有反作用,表现为对经济基础的确认、引导、促进和维护作用。构建和完善有利于新质生产力发展的经济、科技、人才体制,形成支持全面创新的基础制度,为新质生产力的发展提供保障。

一是改革市场经济体制,形成有利于新质生产力发展的经济环境。加快建设全国统一大市场,发挥超大规模市场优势。科技创新与市场体系紧密相关、相互促进,科技创新为建设高标准市场体系提供技

---

① 习近平:《在"不忘初心、牢记使命"主题教育总结大会上的讲话》(2020年1月8日),《人民日报》2020年1月9日。
② 习近平:《关于〈中共中央关于坚持和完善中国特色社会主义制度 推进国家治理体系和治理能力现代化若干重大问题的决定〉的说明》,《人民日报》2019年11月6日。

新质生产力学习问答

术基础，催生新的数据分析和处理方法，推动市场营销战略、策略、模式、工具等方面的创新，更好实现供需精准对接。要加快建设高标准市场体系，畅通市场循环，疏通政策堵点，打通流通大动脉，充分发挥我国市场的规模效应与集聚效应，促进创新要素有序流动和合理配置，为支撑战略性新兴产业和未来产业发展、加快形成新质生产力提供体制机制保障。要深化市场监管体制改革，健全完善适应未来产业技术更迭和产业变革要求的制度规范，按照包容审慎原则，统筹监管和服务，适当放宽新兴领域产品和服务市场准入。深化要素市场化配置综合改革，让各类先进优质生产要素向发展新质生产力高效流动。

完善产业发展支持政策。加强政策协调配合。强化财税、金融、产业、投资、科技、环保、区域等政策统筹协调，在谋划发展战略、集聚高端要素、优化市场环境、培育产业生态等方面持续发力，加强全产业链攻关、全要素支持、全生态发展。拓展新兴技术和未来技术应用场景。加大对新产品、新服务的首台（套）、首批次、首版次推广应用力度，支持建设新技术新产品中试基地和应用测试空间，发挥我国超大规模市场对产业发展的支撑牵引作用。强化产业发展的资金保障。发挥财政资金的撬动作用，引导金融资本和民间资本投向战略性新兴产业和未来产业，鼓励金融机构创新开发适应产业特点的金融产品和服务，打造涵盖天使孵化、创业投资、融资担保、上市培育、并购重组等全生命周期的金融服务体系。

加快完善市场经济基础制度。进一步加强知识产权保护。针对新兴领域发展特点，研究完善专利、商标、著作权等保护机制，重点完善科技成果转化、投资并购、专利授权等复杂场景的知识产权保护制度，充分保障企业创新收益，强化创新激励。完善鼓励创新、弹性包容的市场监管制度。对自动驾驶、生物医药、大模型训练等新产业新业态推进包容审慎监管，引入执法"观察期"制度，设立"免罚清单"机制，给予企业适度容错空间，为企业创造自由宽松的成长和创新环境。

健全按要素贡献分配制度。建立体现效率、促进公平的数据要素收益分配制度，充分尊重数据处理者在采集、存储、处理数据中的劳动、技术、资本等投入，依法保护其使用数据和获得收益的权利。完善数据资产价值评估和核算的财会制度，为合理确定数据要素贡献奠定基础。

二是深化科技管理体制改革，为新质生产力发展提供知识支撑。健全支持原始创新的科技基础制度。深化科技评价改革，完善自由探索型和任务导向型科技项目分类评价制度，推行技术总师负责制、经费包干制、信用承诺制，赋予科研人员更大自主权。建立健全以创新价值、能力、贡献为导向的科技人才评价体系，提高"从0到1"的原始创新成果在评价标准中的地位。加强国际化科研环境建设。主动设计、牵头发起和积极参加国际大科学计划和大科学工程，推动科技创新法律、技术标准、科技成果转化和创新环境等方面的制度与国际接轨，提升新兴科技领域全球治理影响力。加强创新文化建设。弘扬科学家精神和企业家精神，尊重自由探索和首创精神，提高整个社会对原始创新的包容心、宽容度和承受力，积极营造鼓励大胆创新、勇于创新、包容创新的良好氛围，为奇思妙想的成长放大和落地转化提供充足空间。

优化政府科研管理职能。按照抓战略、抓改革、抓规划、抓服务的定位，完善成果评审和采购制度，健全财政经费管理制度。加大对科研机构和高等院校科研经费管理质量的评估，明确法人单位科研经费管理责任，扩大法人单位科研经费使用自主权。加强科研经费使用的信用制度建设，建立科研信用数据库，对相关人员的信用进行动态监测、评估管理。

完善科技创新的体制机制。完善促进科技创新的新型举国体制。加强动员协调机制建设，强化科技创新顶层设计，提升国家战略科技力量布局水平和科技创新体系化发展能力。加强顶层设计和基层落实之间的联动，以资源配置、利益分配、效益评价等制度创新和体制机制改革为突破口，充分释放位于创新链不同环节的各类创新主体活力。建立多元融合创新体系，实现创新要素举国动员，促进各部门、各地区之间的协调合作，共同推进科技创新。健全赋能科技创新的市场机制。要把构建市场导向的体制机制作为科技体制改革的主战场，着力构建企业为主体、市场为导向、产学研相结合的创新体系，促进各类创新资源向企业集聚，努力使企业真正成为技术创新决策、研发投入、科研组织、成果转化的主体，变"要我创新"为"我要创新"，形成强大的市场创新动能。加强产学研深度融合，构建高等院校、科研机构与企业之间的联系和合作机制，建立"企业出题、高校解题、政府助题"的产学研协同创新生态。

三是深化人才工作机制创新,为新质生产力发展提供人才支撑。创新人才培养机制。夯实人才自主培养基础,积极培育一批掌握关键核心技术的战略科学家、科技领军人才、青年科技人才和攻关创新团队。加紧建设高质量教育体系,构建多层次复合型战略人才力量体系。

完善人才引进机制。构建具有国际竞争力的人才引进制度体系,构筑集聚尖端人才的科技创新高地。探索通过专项人才引进、人才预约引进、"绿色通道"等多种形式开展人才引进工作,破解地方高层次人才和急需紧缺人才瓶颈制约。

健全人才使用机制。注重发挥"国家队"的引领作用和独特优势,使之成为科技创新的"先锋队"和增长极。优化创新人才长效激励机制,构建与人才效用密切挂钩的多元化分配体系。

探索人才流动机制。探索建立关键领域核心技术攻关的人才特殊调配机制,跨地区、跨行业、跨部门调配创新人才。充分发挥人才集聚高地的溢出效应,实现各类高端人才与周边区域的流动共享。

四是优化企业发展环境,形成具有全球竞争力的开放创新生态。2023年中央经济工作会议对发展壮大民营经济作出部署,再次强调坚持"两个毫不动摇"。要领会好、落实好中央经济工作会议精神,着力解决好准入难、融资难、回款难、中标难等问题,持续破除市场准入壁垒,全面落实公平竞争政策制度,完善融资支持政策制度、拖欠账款常态化预防和清理机制、支持政策直达快享机制,强化民营经济发展法治保障，着力让民营企业可感、可及。营造促进企业家公平竞争、诚信经营的市场环境，强化企业家公平竞争权益保障，健全企业诚信经营激励约束机制。加强优秀企业家培育，发挥优秀企业家示范带动作用，构建"企业家＋科学家＋投资家"的未来产业项目挖掘与甄别机制。加快培育外贸新动能，巩固外贸外资基本盘，拓展中间品贸易、服务贸易、数字贸易、跨境电商出口。对标国际高标准经贸规则，认真解决数据跨境流动、平等参与政府采购等问题，持续建设市场化、法治化、国际化一流营商环境，打造"投资中国"品牌。

79. 加快发展新质生产力必须坚持哪些原则？

习近平总书记关于发展新质生产力的一系列重要阐述，指明了新质生产力发展的理论和实践问题，为我们准确理解新质生产力的基本内涵提供了理论遵循。新时代新征程加快发展新质生产力，我们要牢牢把握以下主要原则。

第一，坚持用创新推动发展新质生产力。习近平总书记指出："科技创新能够催生新产业、新模式、新动能，是发展新质生产力的核心要素。"[①]科技自立自强是发展新质生产力的题中应有之义，形成和发展新质生产力，要以科技创新为核心驱动力，推动劳动者、劳动资料、劳动对象及其优化组合的跃升。创新是发展新质生产力的重要

[①] 习近平：《在中共中央政治局第十一次集体学习时强调 加快发展新质生产力 扎实推进高质量发展》，《人民日报》2024年2月2日。

动力。新质生产力是以科技创新为主的生产力，是摆脱了传统增长路径、更具融合性、更体现新内涵的生产力，新质生产力必须以科技创新为核心。要将科技创新成果应用到各个产业和产业链上，实现从科技创新到产业革新的无缝对接，改造提升传统产业，培育壮大新兴产业，布局建设未来产业，打造具有国际竞争力的数字产业集群。

第二，坚持因地制宜发展新质生产力。面对我国地大物博，各地资源禀赋、产业条件和发展水平有差异的国情，不能按部就班套用发展模式，而应用好因地制宜发展新质生产力的方法论。"因地制宜"即尊重差异，从当地实际出发，适应客观条件需要，其本质是实事求是。用新的生产理论指导新的发展实践，要统筹好传统生产力与新质生产力的关系。我们应当运用全面、辩证、发展的眼光来看待，重新认识并审视传统产业在推动高质量发展过程中的重要角色，赋予传统产业创新力量，能使其焕发新生，创造新的活力。对于不适应高质量发展要求、应该淘汰的产业，在具体实践过程中，必须保持清醒的头脑和务实的态度，根据各地的具体情况，有选择性地推动新产业、新模式、新动能的发展，同时运用新技术对传统产业进行改造升级，以推动产业向高端化、智能化、绿色化方向发展。只有明确目标、有的放矢，才能实现真正的成效。反之，如果盲目行动，就会事倍功半，难以达到预期效果。

第三，坚持人才为本发展新质生产力。人才是推动新质生产力发展的重要资源和核心要素。人才是第一资源，是创新的根基，是发展新质生产力的重要支撑。相较于传统质态生产力，新质生产力是以科技创新为核心的生产力，具有领域广泛而新颖、技术水平要求高、创新驱动等鲜明特点。创新驱动本质上是人才驱动，要实现高质量发展，就要将教育、科技、人才紧密结合，畅通三者之间的良性循环。为了迅速发展新质生产力，我们必须推进中国特色、世界一流高校建设，提前布局前瞻性学科，提升高等教育人才自主培养质量，培育具备数字化技能和素养的人才队伍。

第四，坚持以改革为动力推动新质生产力发展。发展新质生产力，就要处理好生产力和生产关系，生产力和劳动者、劳动资料、劳动对象之间的关系，特别是要参透什么样的生产关系更能适应新质生产力发展的要求，这样我们才能让生产力冲破瓶颈，加速迭代。要高度重视改革的系统性、整体性、协同性，完善落实"两个毫不动摇"体制机制，全力打造市场化、法治化、国际化的一流营商环境，激发各类市场主体的活力和动力。深入推进改革创新，淘汰落后的思想观念，转变与时代不符的思维，着力破除深层次体制机制障碍，打通堵点、破解难点、消除痛点，让先进优质生产力要素向发展新质生产力流动。用好改革开放这个关键一招，充分调动推进新质生产力发展的主动性和创造性，以创新之力于变局中开新局，为高质量发展注入强大动力。

第五，坚持以市场为导向发展新质生产力。市场机制具有提高市场竞争效率和公平性特点，是激发各类市场主体活力和创新潜能的保障，发展新质生产力需要充分发挥市场在资源配置中的决定性作用。要充分运用市场能够提供信息反馈的优势，为企业了解市场需求提供准确信息帮助,从而推动科技创新和新产品开发。

第六,坚持以绿色为目标发展新质生产力。绿色发展是高质量发展的底色,新质生产力本身就是绿色生产力。我们必须秉持创新、协调、绿色、开放、共享的发展理念,加快发展方式绿色转型,助力碳达峰碳中和,牢固树立和践行"绿水青山就是金山银山"的理念,在全社会大力倡导绿色健康生活方式。

80. 为什么发展新质生产力必须坚持以人民为中心的发展思想?

中国共产党根基在人民、血脉在人民。2014年2月7日,习近平总书记接受俄罗斯电视台专访时指出:"中国共产党坚持执政为民,人民对美好生活的向往就是我们的奋斗目标。我的执政理念,概括起来说就是:为人民服务,担当起该担当的责任。"2024年3月,"新质生产力"被正式写入政府工作报告中。发展新质生产力是中国共产党坚持以人民为中心,带领中国人民走向共同富裕之路的必然选择。

人民立场是中国共产党的根本政治立场。这个根本政治立场决定了党在部署经济工作、制定经济政策、推动经济发展的过程中,必须坚持以人民为中心。我们党搞建设抓改革都是为了让人民过上好日子。人民立场决定了中国共产党领导经济工作必须坚持以人民为中心。坚持以人民为中心的发展思想,要求必须坚持人民至上的价值追求,必须始终坚持人民立场,坚持人民主体地位。习近平总书记指出:"消除贫困、改善民生、实现共同富裕,是社会主义的本质要求,是我们党的重要使命。"①从解放生产力到发展新质生产力,中国共产党人始终坚持以人民为中心,为共同富裕的实现开辟了一条康庄大道。

发展新质生产力的根本目的是为了人民。新质生产力已经在实践中形成并展示出对高质量发展的强劲推动力、支撑力,最终目的是更好满足人民需要。发展新质生产力是我们党守初心担使命的必然要求。我们党作为马克思主义政党,把为人民谋幸福作为初心使命,把为人民服务作为根本宗旨。新时代新征程,以新的生产力理论来指导发展生产力,就是为了破解发展难题、增强发展动力、夯实发展优势,让全体人民共享改革发展成果,这是我们党作为执政党所肩负的初心使命的重要体现。加快形成和发展新质生产力,就是以科技创新催生新产业、新模式、新动能,推动产业转型升级,形成高科技、高效能、高质量的供给体系,提供更多"新质"产品和服务,更好满足人民对美好生活的需要。

发展新质生产力的根本力量在于人民。人民群众需要新质生产力,发展新质生产力需要依靠人民群众。只有充分调动人民的积极性,充分发挥主体地位,激发亿万人民探索实践新质生产力的创新创造热情,才能推动高质量发展成为全党全社会的共识和自觉行动。马克思主义生产力理论中,人是最活跃最宝贵的因素。人民

---

① 习近平:《谈扶贫》,《人民日报海外版》2016年9月1日。

是历史前进的推动力，人民是生产力的主体，生产力的解放最根本是解放人。在新一轮的技术革命引领下，新质生产力以劳动者、劳动资料、劳动对象的优化组合为内涵，培育新型劳动者以推动高水平生产力各要素的高效结合为目标，必须激发人才创新活力和潜力，培养符合新质生产力发展要求的高素质人才队伍，创造新质生产力的战略人才和应用型人才。如今，生产方式的新一轮变革催生了新质生产力的发展，新质生产力是新时代我国经济社会高质量发展的必然产物，而高质量发展的第一推动力是人，尤其需要引领世界科技前沿、创新创造新型生产工具的战略型人才，熟练掌握新型生产资料的应用型人才，具备多维知识结构、熟练掌握新型生产工具的新型劳动者。

推动新质生产力要进一步激发并释放人民的创造精神。人民是党执政的最大底气，是党带领全国各族人民战胜各种艰难险阻、创造人间奇迹的根本力量。我们党始终把人民群众作为智慧和力量的源泉，始终扎根于人民群众的创造性实践中。新时代新征程，发展新质生产力就要进一步大力激发并释放人民的创造精神，以此转化为形成新质生产力的根本动力。尊重人民群众的首创精神，就能从人民群众中汲取新质生产力发展的创造活力，形成高质量发展的强劲推动力、支撑力。

发展新质生产力的根本标尺是人民满意。习近平总书记指出："只有坚持以人民为中心的发展思想，坚持发展为了人民、发展依靠人民、发展成果由人民共享，才会有正确的发展观、现代化观。"[①]人类社会的发展是一个合目的性与合规律性相统一的过程。发展新质生产力的根本目的是人民，根本力量在于人民，那么就要坚持生产力标准与人民利益标准的统一，以人民为评判主体，多维度评判新质生产力的发展，坚持生产力标准与人民利益标准相统一。

坚持以人民为发展新质生产力的评判主体。我们党发展新质生产力进展如何，对高质量发展支撑如何，都应由人民来评判。发展新质生产力的根本目的是为了人民，人民是发展新质生产力成效的评价主体，人民标准是评判发展的标尺。

[①] 习近平：《在省部级主要领导干部学习贯彻党的十九届五中全会精神专题研讨班开班式上发表重要讲话强调 深入学习坚决贯彻党的十九届五中全会精神 确保全面建设社会主义现代化国家开好局》，《人民日报》2021年1月12日。

后 记

2023年7月以来，习近平总书记在四川、黑龙江、浙江、广西等地考察调研时，提出要整合科技创新资源，引领发展战略性新兴产业和未来产业，加快形成新质生产力。此后，习近平总书记就新质生产力这个概念和发展新质生产力这个重大任务，发表了一系列重要论述，为高质量发展和中国式现代化提供了新的生产力理论指导。为了帮助广大读者学习理解习近平总书记关于新质生产力的论述，我们组织编写了《新质生产力学习问答》一书，对新质生产力的有关问题进行了说明和解答。参加本书编写的人员有（以姓氏笔画为序）：王松叶、刘尚高、吕虹、李昕益、杨阳、赵建发。有关单位和学者对本书的编写给予了大力支持，在此表示衷心感谢。

由于时间仓促，水平有限，书中如有疏漏和不妥之处，敬请广大读者批评指正。

编　者

2024年7月